Das große WM-Buch 2022

Das große WM-Buch 2022

STARS · TEAMS · STADIEN

riva

Inhalt

Ausblick	06
Team Deutschland	12
Teams aus Europa	24
Teams aus Afrika	44
Teams aus Südamerika	52
Teams aus Nordamerika	60
Teams aus Asien	66
Stars	74
Stadien	96
WM-Geschichte	106

AUSBLICK

Tradition trifft auf Moderne: Am Nationalfeiertag, dem 18. Dezember, findet in Doha zu Ehren des Emirs ein feierlicher Umzug statt. Das Emirat Katar am Persischen Golf ist Gastgeber der Fußball-Weltmeisterschaft 2022.

| Ausblick |

Vorfreude auf die WM 2022

32 Teams, 64 Spiele, ein Ziel – Weltmeister 2022. Wenn die Weltmeisterschaft am 21. November 2022 mit dem Spiel zwischen Katar und Ecuador offiziell eröffnet wird, dann hoffen 32 Mannschaften auf eine erfolgreiche Teilnahme. Das Ziel: Das Endspiel am 18. Dezember im Lusail Stadium.

Vor dem Eröffnungsspiel haben bereits die Niederlande und der Senegal sowie England und der Iran ins Turniergeschehen eingegriffen. Für Deutschland beginnt das Turnier am 23. November mit dem Auftaktspiel der Vorrundengruppe E gegen Japan, Weltmeister Frankreich startet schon einen Tag zuvor in seine Mission Titelverteidigung.

Doch was können Fans von dieser Weltmeisterschaft erwarten, die vor allem politisch so sehr in der Kritik steht und die so manche Kontroverse seit der Vergabe hervorgebracht hat? Die sportlichen Zeichen stehen jedenfalls gut, dass die Fußball-Fans weltweit ihre Stars und Mannschaften in Topform erleben werden. Zwar gehört die Verlegung in die Wintermonate zu den vielen Unwägbarkeiten, die die WM im Vorfeld bereits hervorgebracht hat, doch dadurch, dass die Protagonisten auf dem Platz erst eine halbe Saison in ihren Vereinen hinter sich haben, deutet vieles darauf hin, dass der Fitnessstand der meisten Spieler bei dieser Weltmeisterschaft höher sein sollte, als bei so manchem Sommer-Großereignis der jüngeren Vergangenheit, wenn die besten Fußballer des Planeten häufig schon über 70 Pflichtspiele in ihren Knochen hatten. Zudem war der Weg zum Titel seit vielen Jahren nicht mehr so kurz. Mit insgesamt 28 Turniertagen handelt es sich um die kürzeste Weltmeisterschaft seit Argentinien 1978.

Doch natürlich darf nicht über die vielen Skandale hinweggesehen werden, die seit der Vergabe im Dezember 2010 bereits zutage gekommen sind. Zahlreiche investigative Medien weltweit, wie die »Sunday Times« oder »The Guardian« sowie die Menschenrechtsorganisation Amnesty International, haben Korruptionsskandale rund um die Vergabe des Turniers in den Golfstaat oder die Rückstände des Austragungslandes bei den Menschenrechten aufgedeckt oder thematisiert. Tausende Gastarbeiter sollen beim Bau der WM-Stadien ums Leben gekommen sein, um die Rechte von Frauen oder Homosexuellen ist es im Golfstaat nicht gut bestellt. Je weiter die Zeit in Richtung Eröffnungsspiel voran rückte, desto lauter wurden die Rufe nach einem WM-Boykott der führenden Fußball-Verbände.

Den Sport in den Vordergrund

Doch warum soll immer der Sport zu Lasten seiner Athleten die Ausrichter von Großereignissen boykottieren, während Regierungen und Wirtschaftsunternehmen glänzende Geschäfte mit autokratischen Staaten machen? Zudem besteht die Hoffnung, dass die Augen der Weltöffentlichkeit sowie die verbindende Kraft des Sports auch die Gegebenheiten und Umstände für die Menschen in Katar zum Positiven verändern können. Und so stehen bei dieser WM nicht nur die Stars und Spiele im Fokus, sondern auch der Gastgeber selbst. FIFA-Präsident Gianni Infantino hofft jedenfalls auf die »beste Weltmeisterschaft aller Zeiten«. Darum lasset die Spiele beginnen und unsere mahnenden Augen auch auf das Gastgeberland richten. ⚽

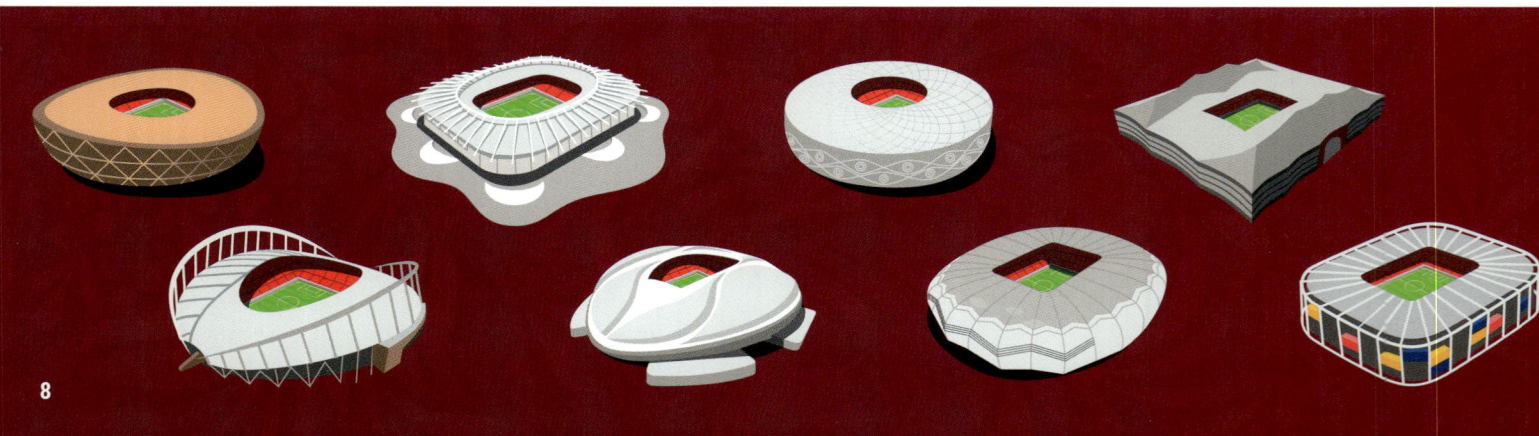

| Ausblick |

Al Rihla – der WM-Ball

Schwungvolle Dreiecke, vernäht zu einem Rund aus Kunststoff, bilden den Ball zur Weltmeisterschaft 2022. Das Spielgerät von Hersteller Adidas heißt Al Rihla, was frei übersetzt soviel wie »Reise« bedeutet. Der Ball ist hauptsächlich in weiß gehalten und verbindet blaue und orangefarbene Elemente zu einem anschaulichem Ganzen. Laut des Herstellers soll Al Rihla der schnellste Ball der Geschichte sein, was zusätzliches Spektakel verspricht. Wichtig: ein Prozent des Nettoumsatzes der Verkäufe des WM-Balls geht zugunsten der Initiative Common Goal und unterstützt so mit dem Fußball in Zusammenhang stehende soziale Projekte.

La'eeb – das Maskottchen

Jugendlichkeit, Fröhlichkeit und Selbstbewusstsein soll La'eeb, das Maskottchen zur Weltmeisterschaft, verkörpern. Dabei steckt der Körper der Fantasiefigur nur in einem Tuch und erinnert an einen Geist, kommt tatsächlich aber in der katarischen Nationaltracht daher. La'eeb heißt übersetzt »supertalentierter Spieler« und hatte bei seiner Vorstellung bei den Fans einen schweren Stand, obwohl es mit seiner Agilität Spielfreude vermittelt. Doch das aus einer Parallelwelt stammende Maskottchen, das dazu aufruft, an sich zu glauben, steht dabei in einer guten Tradition so vieler WM-Maskottchen zuvor. Das Strichmännchen »Ciao« der WM 1990 wurde auch erst nach dem deutschen WM-Titel geliebt und Goleo, der Löwe ohne Hose der WM 2006, wurde zunächst nur belächelt.

Gruppe A

Katar — Ecuador
Senegal — Niederlande

Mo. 21.11.2022, 11:00 Uhr
Senegal : Niederlande

Mo. 21.11.2022, 17:00 Uhr
Katar : Ecuador

Fr. 25.11.2022, 14:00 Uhr
Katar : Senegal

Fr. 25.11.2022, 17:00 Uhr
Niederlande : Ecuador

Di. 29.11.2022, 16:00 Uhr
Niederlande : Katar

Di. 29.11.2022, 16:00 Uhr
Ecuador : Senegal

Gruppe B

England — Iran
USA — Wales-SCO/UKR

Mo. 21.11.2022, 14:00 Uhr
England : Iran

Mo. 21.11.2022, 20:00 Uhr
USA : Wales-SCO/UKR

Fr. 25.11.2022, 11:00 Uhr
Wales-SCO/UKR : Iran

Fr. 25.11.2022, 20:00 Uhr
England : USA

Di. 29.11.2022, 20:00 Uhr
Wales-SCO/UKR : England

Di., 29.11.2022, 20:00 Uhr
Iran : USA

Gruppe C

Argentinien — Saudi-Arabien
Mexiko — Polen

Di. 22.11.2022, 11:00 Uhr
Argentinien : Saudi-Arabien

Di. 22.11.2022, 17:00 Uhr
Mexiko : Polen

Sa. 26.11.2022, 14:00 Uhr
Polen : Saudi-Arabien

Sa. 26.11.2022, 20:00 Uhr
Argentinien : Mexiko

Mi. 30.11.2022, 20:00 Uhr
Polen : Argentinien

Mi. 30.11.2022, 20:00 Uhr
Saudi-Arabien : Mexiko

Gruppe D

Frankreich — VAE/AUS-PER
Dänemark — Tunesien

Di. 22.11.2022, 14:00 Uhr
Dänemark : Tunesien

Di. 22.11.2022, 20:00 Uhr
Frankreich : VAE/AUS-PER

Sa. 26.11.2022, 11:00 Uhr
Tunesien : VAE/AUS-PER

Sa. 26.11.2022, 17:00 Uhr
Frankreich : Dänemark

Mi. 30.11.2022, 16:00 Uhr
VAE/AUS-PER : Dänemark

Mi. 30.11.2022, 16:00 Uhr
Tunesien : Frankreich

Achtelfinale 1
Sa., 03.12.2022, 16:00 Uhr
Erster A : Zweiter B

Achtelfinale 2
Sa., 03.12.2022, 20:00 Uhr
Erster C : Zweiter D

Achtelfinale 3
So., 04.12.2022, 16:00 Uhr
Erster D : Zweiter C

Achtelfinale 4
So., 04.12.2022, 20:00 Uhr
Erster B : Zweiter A

Viertelfinale 2
Fr., 09.12.2022, 20:00 Uhr
Sieger AF 1 : Sieger AF 2

Viertelfinale 4
Sa., 10.12.2022, 20:00 Uhr
Sieger AF 3 : Sieger AF 4

Halbfinale 1
Di., 13.12.2022, 20:00 Uhr
Sieger VF 2 : Sieger VF 1

Finale
So., 18.12.2022, 16:00 Uhr
Sieger HF 1 : Sieger HF 2

FIFA Worldcup 2022 in Katar

Gruppe E

Spanien   CRI/NEZ
Deutschland   Japan

Mi. 23.11.2022, 14:00 Uhr
Deutschland : Japan

Mi. 23.11.2022, 17:00 Uhr
Spanien : CRI/NEZ

So. 27.11.2022, 11:00 Uhr
Japan : CRI/NEZ

So. 27.11.2022, 20:00 Uhr
Spanien : Deutschland

Do. 01.12.2022, 20:00 Uhr
Japan : Spanien

Do. 01.12.2022, 20:00 Uhr
CRI/NEZ : Deutschland

Gruppe F

Belgien   Kanada
Marokko   Kroatien

Mi. 23.11.2022, 11:00 Uhr
Marokko : Kroatien

Mi. 23.11.2022, 20:00 Uhr
Belgien : Kanada

So. 27.11.2022, 14:00 Uhr
Belgien : Marokko

So. 27.11.2022, 17:00 Uhr
Kroatien : Kanada

Do. 01.12.2022, 16:00 Uhr
Kroatien : Belgien

Do. 01.12.2022, 16:00 Uhr
Kanada : Marokko

Gruppe G

Brasilien   Serbien
Schweiz   Kamerun

Do. 24.11.2022, 11:00 Uhr
Schweiz : Kamerun

Do. 24.11.2022, 20:00 Uhr
Brasilien : Serbien

Mo. 28.11.2022, 11:00 Uhr
Kamerun : Serbien

Mo. 28.11.2022, 17:00 Uhr
Brasilien : Schweiz

Fr. 02.12.2022, 20:00 Uhr
Serbien : Schweiz

Fr. 02.12.2022, 20:00 Uhr
Kamerun : Brasilien

Gruppe H

Portugal   Ghana
Uruguay   Südkorea

Do. 24.11.2022, 14:00 Uhr
Uruguay : Südkorea

Do. 24.11.2022, 17:00 Uhr
Portugal : Ghana

Mo. 28.11.2022, 14:00 Uhr
Südkorea : Ghana

Mo. 28.11.2022, 20:00 Uhr
Portugal : Uruguay

Fr. 02.12.2022, 16:00 Uhr
Ghana : Uruguay

Fr. 02.12.2022, 16:00 Uhr
Südkorea : Portugal

Achtelfinale 5

Mo., 05.12.2022, 16:00 Uhr
Erster E : Zweiter F

Achtelfinale 6

Mo., 05.12.2022, 20:00 Uhr
Erster G : Zweiter H

Achtelfinale 7

Di., 06.12.2022, 16:00 Uhr
Erster F : Zweiter E

Achtelfinale 8

Di., 06.12.2022, 20:00 Uhr
Erster H : Zweiter G

Viertelfinale 1

Fr., 09.12.2022, 16:00 Uhr
Sieger AF 5 : Sieger AF 6

Viertelfinale 3

Sa., 10.12.2022, 16:00 Uhr
Sieger AF 7 : Sieger AF 8

Halbfinale 2

Mi., 14.12.2022, 20:00 Uhr
Sieger VF 4 : Sieger VF 3

Spiel um 3. Platz

Sa., 17.12.2022, 16:00 Uhr
Verlierer HF 1 : Verlierer HF 2

TEAM DEUTSCHLAND

Wie immer geht die deutsche Fußball-Nationalmannschaft mit großen Hoffnungen in eine Weltmeisterschaft. Angeführt von Weltmeister und Mannschaftskapitän Manuel Neuer (1).

| Team Deutschland |

Das erste Turnier unter Flick

Die Schmach der Weltmeisterschaft 2018 wiegt noch nach. Als Titelverteidiger war Deutschland erstmals in seiner WM-Historie bereits in der Vorrunde gescheitert. Es folgte eine streitbare WM-Analyse des damaligen Bundestrainers Joachim Löw sowie Kritik an etlichen äußeren Umständen.

Team-Manager Oliver Bierhoff hatte viel Zeit, Geld und Arbeit in den Marketing-Kern der »Mannschaft« gesteckt. Der Hashtag »#zsmmn« [zusammen] wirkte in Anbetracht der sportlichen Darbietung der löwschen Truppe unpassend und aufgesetzt. Zwar hielt sich die sportliche Leitung noch bis zur folgenden Europameisterschaft in ihren Aufgaben, doch eine allenfalls durchwachsene EM mit einem frühen Aus im Achtelfinale beschrie geradezu einen Neuanfang.

Als Nachfolger von Löw übernahm Hansi Flick den Posten des Bundestrainers, hoch dekoriert mit einem Sextuple 2020 als Trainer des FC Bayern München. Nach einer Saison im Zeichen des Streits mit Bayerns Sportdirektor Hasan Salihamidžić erklärte Flick tief in der Rückrunde, dass er seinen Vertrag beim FC Bayern im Sommer 2021 vorzeitig beenden wolle. Letztendlich übernahm Flick am 1. August 2021 die Geschicke auf der Trainerbank der Nationalmannschaft, selbstverständlich nicht ohne sich mit der Deutschen Meisterschaft bei den Bayern verabschiedet zu haben.

Leistungsträger kehrten zurück

Erfolgstrainer Flick gilt als der Hoffnungsträger auf einen spielerischen Neuanfang der Nationalmannschaft, die im eigenen Spielsystem unter Löw überdreht wirkte. Mit Flick kam auch noch mal die Erinnerung an den herausragend erspielten WM-Titel 2014 zurück, als »Hansi« als Co-Trainer von »Jogi« mit verantwortlich für den WM-Triumph von Rio de Janeiro war. Danach übernahm er den Posten des Sportdirektors beim Deutschen Fußball-Bund und kehrte schließlich über die Umwege TSG Hoffenheim und Bayern München zur Nationalmannschaft zurück.

Doch wer nach den durchwachsenen Leistungen der vorangegangenen Jahre mit einem großen personellen Umbruch im Kader der Nationalmannschaft gerechnet hatte, wurde in den ersten Flick-Spielen nur vereinzelt fündig. Zwar haben Talente wie die Angreifer Lukas Nmecha und Karim Adeyemi sowie Mittelfeldspieler Florian Wirtz und Verteidiger David Raum zwischenzeitlich debütiert, doch den Kern der Nationalmannschaft bilden noch immer Akteure, die auch schon unter Löw gesetzt waren: Torhüter Manuel Neuer, Stratege Joshua Kimmich oder auch der schnelle Außerbahnspie-

> »Erfolg ist nur gemietet, die Miete ist jeden Tag fällig.«
>
> Hans-Dieter »Hansi« Flick

Der Bundestrainer Hansi Flick setzt auf Jugend und Erfahrung: Serge Gnabry (10), Karim Adeymi (20), Timo Werner (Mitte), Thomas Müller und Florian Wirtz (23).

| Team Deutschland |

Deutschland

Konföderation: UEFA (Europa)
Spitzname: Die Mannschaft
Titel: Weltmeister 1954, 1974, 1990, 2014, Europameister 1972, 1980, 1996, Confed-Cup-Sieger 2017
Bestes WM-Ergebnis: Weltmeister 1954, 1974, 1990, 2014
Trainer: Hans-Dieter Flick (seit 1. August 2021)
Aktuelle Topspieler: Manuel Neuer (Torwart), Joshua Kimmich (Mittelfeld), Thomas Müller (Sturm)
Rekordspieler: Lothar Matthäus (1980 bis 2000, 150 Spiele)
Rekordtorschütze: Miroslav Klose (2001 bis 2014, 71 Tore)

Startrekord: Hansi Flick hat gut lachen, er setzte die Bestmarke von fünf hintereinander gewonnenen Spielen auf Sieben.

ler Serge Gnabry, allesamt Spieler von Deutschlands Rekordmeister FC Bayern.

Langjährige und nach der 2018-Blamage aussortierte Leistungsträger wie Thomas Müller und Mats Hummels hatte Löw schon vor der Europameisterschaft selbst zurückgeholt und diese blieben auch unter Flick Teil der Mannschaft. Vor allem aber Leroy Sané gelang von Flick trainiert ein Leistungssprung mit dem Adler auf der Brust.

Obwohl die Flick-Mannen spielerisch zunächst weiterhin unter ihren Möglichkeiten blieben, stabilisierte sich die Mannschaft auf dem Platz. Flick gewann mit Deutschland die ersten sieben Spiele bis zum Ende der WM-Qualifikation, wodurch der gebürtige Heidelberger einen historisch erfolgreichen Start-Rekord für Bundestrainer aufstellte. Nach einem holprigen Beginn in die WM-Qualifikation mit einer Heimniederlage gegen Nordmazedonien noch unter Löw gelang so am Ende doch noch der souveräne Gruppensieg in Quali-Gruppe J für Katar.

Die Stärken der deutschen Elf liegen vor allem in der Offensive, wo Müller, Sané und Gnabry hinter der Spitze, die meist von Timo Werner bekleidet wird, wirbeln. Neben dem gesetzten Kimmich hoffen Bayerns Leon Goretzka und Ilkay Gündogan von Manchester City auf Einsatzzeiten. Die Problemzone bleibt die Verteidigung, in der Antonio Rüdiger und Niklas Süle zwar eine physische Innenverteidigung bilden, während es aber auf den Außenverteidigerpositionen an internationaler Klasse mangelt. Linksverteidiger Robin Gosens galt zwar als Entdeckung der Europameisterschaft, doch das dort gezeigte Niveau konnte er in der Folge nicht halten.

Dennoch: Deutschland stellt unter Flick wieder eine stabile Mannschaft, die zwar nicht zum engsten Favoritenkreis auf den Titel zählt, die aber, sollte sie das Mantra als klassische Turniermannschaft reaktivieren, zusammen- und über sich hinauswachsen kann. Mit etwas Turnierglück kann Deutschland in Katar weit kommen.

| Team Deutschland |

Der Mann für die wichtigen Tore

Er schob den Ball nur noch ins leere Tor. Am 21. Mai 2021 sorgte diese leichte Übung dafür, dass Kai Havertz auf dem Fußball-Olymp angekommen war.

So einfach der Schuss selbst auch war, es war gleichsam das bis dahin wichtigste Tor in der noch jungen Karriere des deutschen Mittelfeldspielers. In der 42. Minute des Endspiels um die Champions League wurde Havertz im Trikot des FC Chelsea mit einem tiefen Pass steil geschickt, dann umkurvte er Ederson, den Torwart von Manchester City, und schob mit Leichtigkeit ein. Chelsea verteidigte die Führung, gewann zum zweiten Mal in seiner Vereinsgeschichte die europäische Königsklasse und Havertz war auf seinem Karrierehöhepunkt.

Offensiver Allrounder
Schon 2010 war der gebürtige Aachener in die Jugendakademie von Bayer Leverkusen gewechselt. Für Bayer debütierte

Stets elegant: Kai Havertz spielt seit 2018 für die deutsche Nationalelf

er in der Saison 2016/2017 bei den Profis und wurde mit seinen damals 17 Jahren zum jüngsten Bundesligaspieler der Vereinsgeschichte. Havertz sicherte sich in der Folge einen Stammplatz in Leverkusen, avancierte trotz seiner Jugend zu einem wichtigen Spieler in der Offensive und wechselte im Sommer 2020 für eine Ablösesumme von 80 Millionen Euro zum FC Chelsea. Am 9. September 2018 feierte er sein Länderspieldebüt für die deutsche Auswahl beim 2:1-Testspielsieg gegen Peru. Wichtige Tore erzielte Havertz dann auch bei der paneuropäischen EM beim 4:2 gegen Titelverteidiger Portugal und beim 2:2 gegen Ungarn, wodurch Deutschland den Sprung ins Achtelfinale schaffte. Havertz gilt in der Offensive als Allrounder, der sowohl auf den Flügeln wie auch hinter den Spitzen oder als »falsche Neun« eingesetzt werden kann. Seine Übersicht und Spielintelligenz sind herausragend, zudem wirkt sein Bewegungsablauf elegant. Dass er auch weiterhin für die entscheidenden Tore zuständig ist, bewies er im Februar 2022. Das Finale der Klub-WM gegen Palmeiras Sao Paulo gewann Chelsea 2:1 – das entscheidende Tor in der 117. Minute erzielte, na klar, Kai Havertz.

Kai Havertz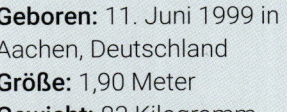

Geboren: 11. Juni 1999 in Aachen, Deutschland
Größe: 1,90 Meter
Gewicht: 83 Kilogramm
Position: Mittelfeld
Trikotnummer: 7 (Nationalmannschaft), 29 (Verein)
Vereine als Profi: Bayer Leverkusen (2016 bis 2020), FC Chelsea (seit 2020)
Länderspiele: 23 Einsätze*
Länderspieltore: 8 Tore*

*zum Ende der WM-Qualifikation

| Team Deutschland |

Die Krux des Propheten

Im Frühjahr 2022 war die Vertragssituation von Antonio Rüdiger das vorherrschende Thema der Fachpresse, wenn sie sich mit dem deutschen Innenverteidiger beschäftigte.

Zwei Angebote des FC Chelsea auf eine Vertragsverlängerung soll Rüdiger abgelehnt haben und stand bei Real Madrid und Paris Saint-Germain hoch im Kurs. Rüdiger gehört längst zu den besten Abwehrspielern der Welt, nur bei den deutschen Fans steht er häufig in der Kritik – die typische Story des Propheten im eigenen Land.

Technisch versierter Spieler

Rüdiger, oft nur »Toni« gerufen, ist ein Modellathlet, groß, athletisch und entsprechend zweikampfstark in der Luft wie auch am Boden. Zudem ist er technisch versiert mit dem Ball am Fuß und beteiligt sich gerne am Aufbauspiel. Ein kleines Phlegma haftet ihm allerdings auch an: Hin und wieder verlässt sich Rüdiger zu sehr auf seine Fähigkeiten, spielt einen einfachen Fehlpass und passt im Stellungsspiel nicht genau auf. Makel, die sich vor allem im Gedächtnis deutscher Fans überbordend eingebrannt haben und die dann ein Raunen unter diesen verursachen.

Doch die Stärken Rüdigers überwiegen bei Weitem. So ist er nicht nur bei europäischen Top-Vereinen angesehen, seit 2020 ist Rüdiger zudem in der Innenverteidigung der deutschen Nationalmannschaft, für die er bereits 2014 unter Bundestrainer Joachim Löw debütierte, gesetzt.

Der Sohn eines deutschen Vaters und einer Mutter aus Sierra Leone ist gebürtiger Berliner und feierte seine Profipremiere in der Bundesliga mit 18 Jahren für den VfB Stuttgart, in dessen Jugend er ein Jahr zuvor von Borussia Dortmund aus gewechselt war.

Im Dezember 2019 wurde Rüdiger Opfer eines rassistischen Vorfalls. Nachdem sein Gegenspieler Heung-Min Son nach einer Tätlichkeit gegen Rüdiger eine Rote Karte erhalten hatte, hatten rassistisch motivierte Gesänge vonseiten der Fans von Tottenham Hotspur eingesetzt. Kurzzeitig ließ sich Rüdiger dazu hinreißen, die Gesänge mit der Imitation eines Affen zu quittieren. »Wann hört dieser Unsinn auf?« fragte er danach über seinen Twitter-Account. ✿

Antonio Rüdiger 🇩🇪

Geboren: 3. März 1993 in Berlin, Deutschland
Größe: 1,90 Meter
Gewicht: 85 Kilogramm
Position: Abwehr
Trikotnummer: 2 (Nationalmannschaft und Verein)
Vereine als Profi: VfB Stuttgart (2011 bis 2015), AS Rom (2015 bis 2017), FC Chelsea (seit 2017)
Länderspiele: 49 Einsätze*
Länderspieltore: 2 Tore*

*zum Ende der WM-Qualifikation

| Team Deutschland |

Noch nicht in Tritt

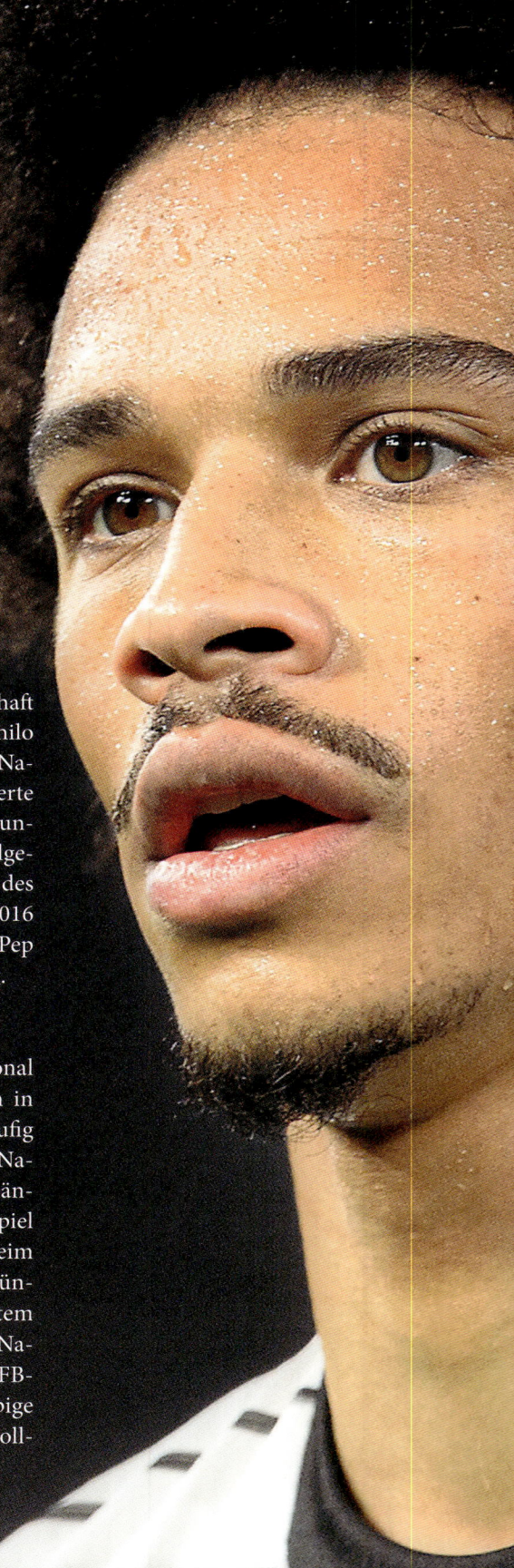

Über die fußballerischen Fähigkeiten von Leroy Sané bestehen keine zwei Meinungen. Mit seiner Schnelligkeit, seiner Dribbelstärke und seinem Zug zum Tor ist der technisch versierte Außenstürmer jederzeit in der Lage für Torgefahr zu sorgen und Spiele alleine zu entscheiden.

Mit all seinen Stärken gilt er als der optimale Konterstürmer. Leider aber stolpert Sané immer wieder über seine gleichgültig wirkende Körpersprache und bringt seine Vorzüge häufig nur ein, wenn es für seine Mannschaft ohnehin gut läuft. So wartet er beim FC Bayern auch zwei Jahre nach seiner Verpflichtung noch darauf, zum unumstrittenen Stammspieler zu werden. Ähnlich verhält es sich in der Nationalmannschaft, wenngleich Sané unter Bundestrainer Hansi Flick einen Sprung nach vorne gemacht hat.

In Katar steht der Deutsche, der auch einen französischen Pass besitzt, vor seiner ersten Teilnahme an einer Weltmeisterschaft. Nachdem er 2016 als Shooting Star zum deutschen Kader bei der Europameisterschaft in Frankreich gehörte, sortierte ihn Joachim Löw 2018 kurz vor der WM in Russland überraschend aus, was von Fans und Medien kontrovers diskutiert wurde. Nach dem überraschenden und ernüchternden Vorrundenaus der Mannschaft, fokussierten sich bei der Ursachenforschung Teile der öffentlichen Meinung auch auf die Ausbootung Sanés. Seit September 2018 gehört Sané aber fest zum deutschen Kader, wurde bei der zurückliegenden Europameisterschaft in allen vier Spielen eingesetzt und war mit vier Toren im Rahmen der WM-Qualifikation auch am erfolgreichen Weg Deutschlands nach Katar beteiligt.

Sané entstammt der Schalker »Knappenschmiede« unter Juniorentrainer Norbert Elgert, der schon viele Jugendspieler in die Schalker Profimannschaft geführt hat – so beispielsweise auch Thilo Kehrer, der wie Sané auch deutscher Nationalspieler ist. Im April 2014 debütierte Sané für den FC Schalke 04 in der Bundesliga, avancierte in den beiden Folgejahren zu einem der größten Talente des deutschen Fußballs, ehe er bereits 2016 zu Manchester City und Star-Trainer Pep Guardiola in die Premier League ging.

Leidenschaft wird gefordert
Obwohl er schnell zum Stammpersonal zählte, sollte der wahre Durchbruch in England nicht so recht gelingen. Häufig wechselte Guardiola den deutschen Nationalspieler ein oder aus und bemängelte nicht selten sein mangelhaftes Spiel gegen den Ball. Seit 2020 spielt Sané beim deutschen Serienmeister Bayern München und befindet sich dort in direktem Konkurrenzkampf mit Frankreichs Nationalspieler Kingsley Coman und DFB-Kollege Serge Gnabry. Seine schlampige Genialität hat Sané aber noch nicht voll-

| Team Deutschland |

Leroy Sané 🇩🇪

Geboren: 11. Januar 1996 in Essen, Deutschland
Größe: 1,83 Meter
Gewicht: 80 Kilogramm
Position: Sturm
Trikotnummer: 19 (Nationalmannschaft), 10 (Verein)
Vereine als Profi: FC Schalke 04 (2014 bis 2016), Manchester City (2016 bis 2020), FC Bayern München (seit 2020)
Länderspiele: 40 Einsätze*
Länderspieltore: 11 Tore*

*zum Ende der WM-Qualifikation

> »Leroy Sané ist ein großes Talent, und ich kann Deutschland nur dazu gratulieren, ein Talent wie ihn zu haben.«
>
> Pep Guardiola, 2016

Leroy Sané: Die ihm zugedachte Rolle des Spielentscheiders füllt er noch zu selten aus.

ständig abgelegt, obwohl zuletzt schon deutliche Fortschritte erkennbar waren. Noch im März 2022 bot Bayern-Trainer Julian Nagelsmann Sané mit den Worten »Wenn du keinen Bock hast, kannst du auch wieder reingehen« an, das Training vorzeitig zu beenden.

Und genau das ist der Eindruck, den Sané auch im Alter von 26 Jahren noch nicht abgelegt hat. Seine Körpersprache vermittelt dem Beobachter häufig das Gefühl, dass er nicht immer mit voller Leidenschaft bereit ist, sich in den Dienst der Mannschaft zu stellen und auch unangenehme Aufgaben zu übernehmen. Im nächsten Moment wird Sané, der über einen der höchsten Marktwerte aller deutschen Spieler verfügt, aber steil in den freien Raum geschickt, umkurvt mit Tempo den letzten Gegenspieler und schließt platziert ab. Der Linksfuß ist so immer ein wenig zwischen Wahnsinn und Genie gefangen.

Die Mutter gewann Bronzemedaille

Sané wurde im Januar 1996 in der Ruhrpottmetropole Essen in eine sportliche Familie hineingeboren und kam in Anlehnung an den französischen Trainer Claude Le Roy zu seinem Vornamen. Sein Vater Souleymane, genannt »Samy«, spielte in den neunziger Jahren in der Bundesliga für den 1. FC Nürnberg sowie die SG Wattenscheid 09 – und unter Trainer Le Roy in der Nationalmannschaft Senegals. Leroys Mutter Regina Weber gewann bei den Olympischen Spielen 1984 in Los Angeles die Bronzemedaille in Rhythmischer Sportgymnastik. Unweit des Wattenscheider Lohrheide-Stadions wuchs Leroy gemeinsam mit seinen Brüdern Sidi und Kim auf. Liiert ist Sané mit dem neun Jahre älteren US-Model Candice Brook, mit der er bereits zwei Kinder hat. ⚽

Mister Zuverlässig

Plötzlich stand Joshua Kimmich in öffentlicher Kritik. Über Jahre hatte sich der Mittelfeldspieler als einer der besten deutschen Fußballer etabliert und wurde nun von Fans, Medien und gar Politik angegangen.

Dabei hatte er nur von seinem Grundrecht Gebrauch gemacht, sich nicht gegen COVID-19 impfen zu lassen. Kimmich ist dafür bekannt, dass er nicht nur fußballerisch Verantwortung übernimmt, sondern auch vor den Fernsehkameras seine Meinung vertritt. Nur diesmal war sie eben streitbar und hatte nichts mit Fußball zu tun.

Kimmich begründete seine Haltung im Herbst 2021 damit, dass es ihm an Langzeitstudien zu den Impfstoffen fehle. Erschwerend kam hinzu, dass der Nationalspieler als Mitgründer der Initiative »We kick Corona« zuvor den Eindruck vermittelt hatte, sich in bester Vorbildmanier gegen die Eindämmung der Pandemie einzusetzen. Zudem hatte Kimmich folglich ungeimpft eine Kinderpalliativstation im Klinikum München-Großhadern besucht, was in Medien und Öffentlichkeit nun ebenfalls kritisiert wurde.

Schwerer Stand zu Beginn

Neues Tempo kam in die Debatte, als Kimmich im November 2021 zunächst als Kontaktperson seines mit Corona infizierten Mitspielers Niklas Süle in Quarantäne musste und so zwei Länderspiele verpasste. Nachdem er sich kurz darauf selbst mit dem Erreger angesteckt hatte und danach noch an einer Infiltration der Lunge litt, fiel er bis zum Jahresende auch in wichtigen Spielen seines Arbeitgebers FC Bayern München aus. Die Reputation des Fußball-Strategen hatte durch die Situation schweren Schaden genommen, in einer Umfrage eines Sportfachmagazins wurde er zum »Absteiger des Jahres« gewählt.

Der entstandene Anschein steht in starkem Kontrast zum sonstigen Ansehen des Fußballers Joshua Kimmich. Aus der Jugend des VfB Stuttgart war der Abiturient im Alter von 18 Jahren zum ambitionierten RB Leipzig in die 3. Liga gewechselt, wo er sich auf Anhieb als Stammspieler etablierte und mit den Sachsen den Auf-

Spielt bislang als klassischer »Sechser« in der Nationalmannschaft: Joshua Kimmich

Joshua Kimmich

Geboren: 8. Februar 1995 in Rottweil, Deutschland
Größe: 1,77 Meter
Gewicht: 75 Kilogramm
Position: Mittelfeld
Trikotnummer: 6 (Nationalmannschaft und Verein)
Vereine als Profi: RB Leipzig (2013 bis 2015), Bayern München (seit 2015)
Länderspiele: 64 Einsätze*
Länderspieltore: 3 Tore*

*zum Ende der WM-Qualifikation

»Ich habe einen Spieler in der Mannschaft, der auf jeder, aber wirklich jeder Position spielen kann.«

Pep Guardiola als Bayern-Trainer über Joshua Kimmich, 2016

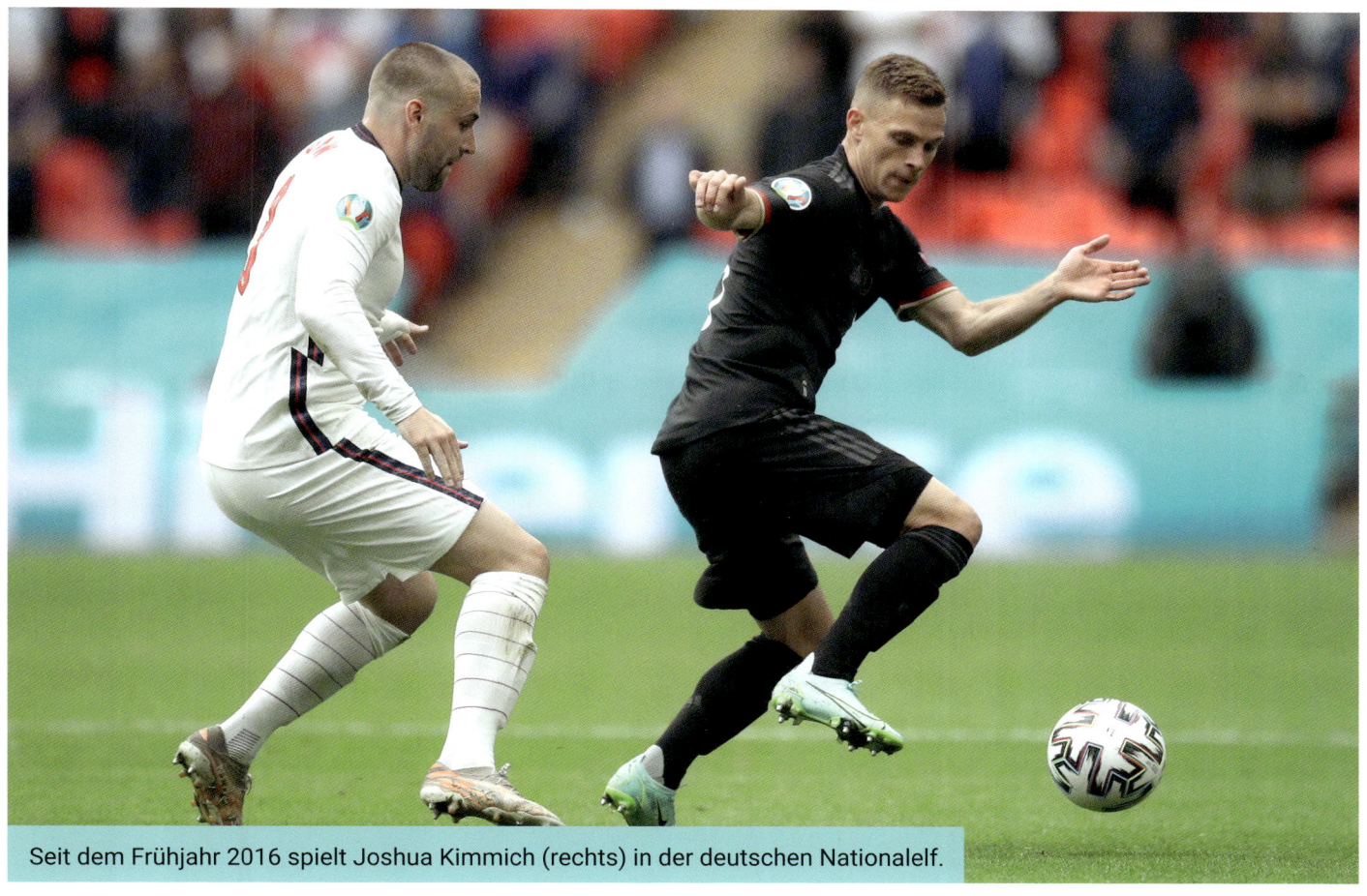
Seit dem Frühjahr 2016 spielt Joshua Kimmich (rechts) in der deutschen Nationalelf.

stieg in die 2. Bundesliga schaffte. Bereits nach zwei Jahren in Leipzig folgte der Transfer zum deutschen Rekordmeister Bayern München, wo Kimmich sowohl unter Trainer Pep Guardiola wie auch unter dessen Nachfolger Carlo Ancelotti erst einmal einen schweren Stand hatte.

Erst mit dem Karriereende von Philipp Lahm 2017 fand Kimmich zunächst seinen Platz als Rechtsverteidiger bei den Bayern. Nachdem er im Frühjahr 2016 erstmals in die Nationalmannschaft berufen wurde, fuhr Kimmich auch mit zur Europameisterschaft im gleichen Jahr, wo Deutschland im Halbfinale an Gastgeber Frankreich scheiterte. Erst in der Spielzeit 2019/2020 gelang es Kimmich sowohl im Verein wie auch folgend in der Nationalmannschaft, wieder seinen Platz im Mittelfeld als klassischer »Sechser« zu besetzen.

Eine der Stützen des Teams

Der dreifache Familienvater ist ein hervorragender Techniker mit sehr ausgeprägter Fußball-Intelligenz. Defensiv ist er vor allem am Boden zweikampfstark und besticht durch ein starkes Stellungsspiel im Raum. Offensiv setzt er immer wieder Akzente und hat ein Auge für das Abspiel auf durchstartende Mitspieler im richtigen Moment. Zudem ist Kimmich auch bei Standardsituationen immer wieder als Schütze gefordert. Im Verein wie auch in der Nationalmannschaft gehört Kimmich mittlerweile zu den wichtigsten Stützen und ist aus der Startformation nicht mehr wegzudenken.

Kimmich ist auf dem Platz und in der Kabine ein wertvoller Anführer und geht auch nach schwächeren Spielen den Fragen der Journalisten nicht aus dem Weg. Wenngleich er aus den Vorkommnissen rund um seine Corona-Aussagen gelernt haben wird, zumal er nach seiner eigenen Infektion öffentlich sein Bedauern darüber zum Ausdruck gebracht hatte, nicht geimpft gewesen zu sein. ⚽

Es »müllert« weiter

Diego Maradona gehört zu den größten Fußballern aller Zeiten. Als Spieler war er es gewohnt, nur von den besten gegnerischen Spielern gedeckt zu werden, als Trainer der argentinischen Nationalmannschaft saßen bei Pressekonferenzen vor oder nach Länderspielen meist die Trainer anderer Verbände neben ihm.

Doch das war am 3. März 2010 anders. Nach einem 1:0-Sieg der Argentinier in einen Testländerspiel in München gegen Deutschland saß plötzlich ein international noch recht unbekannter A-Elf-Debütant namens Thomas Müller neben dem Weltstar.

Und dieser fühlte sich in seiner Ehre gekränkt, wollte nicht neben einem »Pillo« (Lausbuben) sitzen und weigerte sich, eine PK neben einer ihm unbekannten Person zu geben, wo er doch eigentlich Joachim Löw neben sich erwartet hatte. In aller Konsequenz verließ der große Maradona das Podium und ließ den kleinen Müller zurück. Erst als Müller ging, kam Maradona zurück und entschuldigte sich, nicht gewusst zu haben, dass es sich um einen Spieler gehandelt habe.

Müller sorgte nur gut drei Monate später auf seine eigene Art dafür, dass Maradona ihn nicht mehr vergessen würde. Im Viertelfinale der WM in Südafrika trafen Deutschland und Argentinien erneut aufeinander. Nach drei Minuten brachte ausgerechnet Müller die Deutschen mit einem Kopfballtor auf die Siegerstraße. Deutschland gewann 4:0, die Gauchos fuhren nach Hause und Maradona trat als Nationaltrainer zurück. Selbst die argentinische Presse kramte die Anekdote mit dem zunehmenden Bekanntheitsgrad Müllers wieder heraus. Als Müller bei der WM 2014 im Auftaktspiel gegen Portugal beim 4:0 gleich dreimal traf, erinnerte die argentinische Zeitung »Olé« den Ex-Nationaltrainer noch mal an den ihm unbekannten Deutschen und schrieb: »Diego, der Junge heißt Müller«.

Heute benötigt niemand, der sich in irgendeiner Form mit Fußball auseinandersetzt, mehr Nachhilfe, wenn es um Thomas Müller geht. Der gebürtige Oberbayer ist anno 2022 der erfolgreichste

In seinem Debüt-Jahr wurde Thomas Müller Torschützenkönig bei der WM 2010 in Südafrika. Hier beim Jubel nach seinem Tor zum 4:1 gegen England.

Thomas Müller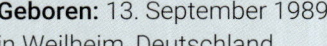

Geboren: 13. September 1989 in Weilheim, Deutschland
Größe: 1,85 Meter
Gewicht: 76 Kilogramm
Position: Sturm/Mittelfeld
Trikotnummer: 13 (Nationalmannschaft), 25 (Verein)
Vereine als Profi: FC Bayern München (seit 2009)
Länderspiele: 110*
Länderspieltore: 42 Tore*

*zum Ende der WM-Qualifikation

> »Müller spielt immer!«
>
> Der ehemalige Bayern München-Trainer Louis van Gaal über Thomas Müller

deutsche Fußballer aller Zeiten. Kein anderer Deutscher hat so viele Fußball-Titel und -Trophäen gesammelt, wie Müller, der seit über einer Dekade als Stammkraft bei Deutschlands Rekordmeister Bayern München nicht mehr wegzudenken ist. Mit den Bayern gewann er nicht nur Meisterschaften im Jahrestakt, er holte auch 2013 und 2020 jeweils das berüchtigte Triple aus Deutscher Meisterschaft, Pokalsieg und Gewinn der Champions League.

Erst aussortiert, dann zurückgeholt

Auch in der Nationalmannschaft hat Müller nachhaltig Spuren hinterlassen. Bei der Endrunde 2010 in Südafrika wurde er mit fünf Treffern gleich Torschützenkönig, vier Jahre später trug er mit erneut fünf Turniertoren maßgeblich zum WM-Titel bei. In der WM-Geschichte haben nur Miroslav Klose, Gerd Müller und Jürgen Klinsmann mehr Endrundentore für Deutschland erzielt als Thomas Müller. Selbst eine Ausbootung bei der Nationalmannschaft überstand Müller. Als Löw ihn im Nachgang der verkorksten WM 2018 und eines schwachen Starts in die neue Nations League zusammen mit Mats Hummels und Jérôme Boateng aussortierte, musste der Trainer pünktlich zur folgenden EM seine Entscheidung zurücknehmen. Seit Juni 2021 gehört Müller auch unter Neu-Trainer Hansi Flick wieder fest zum Kreis der Nationalmannschaft.

Müller ist auf dem Platz ein Phänomen, das weder mit herausragenden technischen Fähigkeiten glänzt noch mit überragender Athletik. Müller lebt auf dem Spielfeld von seiner Fußball-Intelligenz, seiner Antizipation, seinem Gespür für den Moment und den Raum und letztendlich seinem unvergleichlichen Torinstinkt. Zudem ist Müller so gut wie nie verletzt und ein lautstarker Anführer für seine Teamkollegen. Neben dem Feld wirkt Müllers lockere Art in Interviews so erfrischend wie sympathisch. Von Müller bekommt der Fußball-Fan selten eine einstudierte Standard-Floskel, vielmehr steht Müller zu seiner Meinung und äußert diese auch. Um einen selbstironischen Scherz ist er dabei ebenfalls nicht verlegen und zeigt somit sein gewieftes Verständnis für Humor.

Privat ist Müller bereits seit 2009 mit seiner Lisa verheiratet und betreibt mit ihr zusammen ein Gestüt. Bei der WM in Katar hofft ganz Fußball-Deutschland noch einmal darauf, dass alle Pferde mit Müller durchgehen und er Deutschland weit ins Turnier hinein führen kann.

Den Erfolg immer im Blick: Thomas Müller gehört mit über 30 persönlichen, nationalen und internationalen Vereins- und Nationalmannschafts-Titeln zu den erfolgreichsten Fußballspielern der Welt.

Sehnsucht nach alter Dominanz

Ein privater Schicksalsschlag unterbrach die Trainerkarriere von Luis Enrique. Der Fußballlehrer übernahm im Juli 2018 die Geschicke der spanischen Nationalmannschaft, gab seinen Posten aber nach nur einem Jahr wieder auf.

Seine Tochter Xana war an Knochenkrebs erkrankt und der Trainer zog sich verständlicherweise in sein Privatleben zurück. Leider überstand das erst neun Jahre alte Töchterchen die Krankheit nicht und verstarb im August 2019.

Drei Monate später kehrte Enrique dann auf den spanischen Trainerstuhl zurück, was sogar noch zu einem Bruch mit Robert Moreno führte. Moreno hatte die Spanier zwischenzeitlich übernommen und das Ticket für die Europameisterschaft gelöst. Diese hätte er gerne in verantwortlicher Rolle noch gestaltet, doch Enrique drängte sofort auf seine Rückkehr und bezeichnete seinen früheren Co-Trainer als illoyal. Mit Enrique will Spanien in Katar zum zweiten Mal Weltmeister werden.

Denn es ist gerade eine Dekade her, da dominierte Spanien den Weltfußball. Mit ihrem unnachahmlichen Tiki-Taka-Stil, den schnellen Kurzpässen mit dem Ziel, den Gegner erst gar nicht in Ballnähe kommen zu lassen, gewann Spanien die Europameisterschaften 2008 und 2012 sowie die Weltmeisterschaft 2010. Doch bei der WM 2014 hatte sich das System totgelaufen, Spanien wirkte überspielt und spätestens nach dem folgenden Karriereende von Zentrumsspieler Xavi in der Nationalmannschaft verabschiedeten sich die Iberer zunächst aus der absoluten Weltspitze.

Doch nach einigen enttäuschenden Turnierverläufen gelang in der jüngeren Vergangenheit der erneute Anschluss an die Top-Teams der Welt. Bei der EM 2021 war erst im Halbfinale Schluss, in der zweiten Ausgabe der Nations League erwies sich nur Frankreich als stärker. Für die Weltmeisterschaft in Katar qualifizierte sich Spanien ebenfalls direkt, wenn auch erst am letzten Spieltag der Qualifikation. Ein 1:0 über Verfolger Schweden mit einem späten Treffer von Álvaro Morata sicherte einen Vier-Punkte-Vorsprung, ein 0:0 hätte indes auch ausgereicht.

Häufig frühes Aus

Leitwolf der spanischen Nationalmannschaft ist Sergio Busquets. Der defensive Mittelfeldspieler, der zur WM bereits 34 Jahre alt sein wird, ist der letzte verbliebene Weltmeister von 2010 im Kader und die absolute Führungsfigur der Spanier auf und neben dem Platz. Busquets glänzt dabei nicht nur mit seinem Stellungsspiel und seiner Zweikampfstärke in der Defensive, offensiv kann er eine Partie lesen und das Spielfeld mit seinen Pässen öffnen.

Neben Busquets hält der erfahrene Koke das Mittelfeld zusammen. Drumherum wirbeln und agieren eine Reihe junger Talente, die vor allem große technische Fähigkeiten mitbringen und über viel Spielwitz verfügen. Dani Olmo, der bei RB Leipzig auf sich aufmerksam gemacht hat, gehört dazu, aber auch die ganz jungen Akteure wie der zur WM erst 20 Jahre alte Pedri. Oder Gavi, der erst gut drei Monate vor der WM seine Volljährigkeit erreicht.

Neben den vielen Talenten kann Enrique sich aber auch auf weitere Routini-

> »Ich liebe Trainer, die mehr über das Angreifen als über das Verteidigen nachdenken.« — Luis Enrique

Luis Enrique spielte vor seiner Trainerkarriere unter anderem fünf Jahre bei Real Madrid und acht Jahre beim FC Barcelona vorwiegend als Offensivspieler.

| Teams aus Europa |

11. November 2021: Im WM-Qualifikationsspiel gegen Griechenland bejubelt die spanische Mannschaft den 1:0 Siegtreffer von Pablo Sarabia (22).

Spanien

Konföderation: UEFA
Spitzname: Furia Roja (Rote Wut)
Titel: Weltmeister 2010, Europameister 1964, 2008, 2012
Bestes WM-Ergebnis: Weltmeister 2010
Trainer: Luis Enrique (seit 19. November 2019)
Aktuelle Topspieler: Aymeric Laporte (Abwehr), Pedri, Dani Olmo (beide Mittelfeld)
Rekordspieler: Sergio Ramos (seit 2005, 180 Einsätze*)
Rekordtorschütze: David Villa (2005 bis 2017, 59 Tore)

*zum Ende der WM-Qualifikation

ers verlassen. In der Abwehr bilden Jordi Alba und César Azpilicueta die erfahrene Außenverteidigung, in der Mitte sorgt Aymeric Laporte von Manchester City für Sicherheit. Im Angriff ist vieles auf Álvaro Morata zugeschnitten, der bei den Fans nicht immer einen leichten Stand hat. Für Aufmerksamkeit sorgte aber auch vor allem Trainer Enrique selbst, der während der Qualifikation phasenweise komplett auf Spieler von Real Madrid verzichtete. Auch im entscheidenden Qualifikationsspiel gegen Schweden war lediglich Reals Rechtsverteidiger Daniel Carvajal, früher Bayer Leverkusen, nominiert, kam allerdings nicht zum Einsatz.

In Katar ist Spanien zum zwölften Mal in Serie bei einer Weltmeisterschaft dabei. Der große Triumph von 2010 bildet allerdings eine große Ausnahme. Der häufig spielstarke Kader ist zumeist früh in den WM-Turnieren gescheitert. Lediglich 1950 erreichten die Iberer zuvor bereits schon einmal ein Halbfinale, allzu oft war sonst schon spätestens im Viertelfinale eine WM-Endrunde beendet. Und so ist Spanien auch 2022 eher eine Wundertüte. Aus dem Kreis der erweiterten Favoriten ist die Furia Roja nicht wegzudenken, der Wettbewerb kann aber auch – wie eben so häufig in der spanischen Vergangenheit – frühzeitig beendet sein. ⚽

Über dem Zenit?

Zlatko Dalić, Trainer der Kroaten, herzt Luka Modrić nach dem Sieg gegen Russland und der damit erreichten Qualifikation zur Weltmeisterschaft in Katar.

Kroatien

Konföderation: UEFA
Spitzname: Kockasti (Die Karierten)
Titel: /
Bestes WM-Ergebnis: Vizeweltmeister 2018 (im Finale gegen Frankreich)
Trainer: Zlatko Dalić (seit 7. Oktober 2017)
Aktuelle Topspieler: Luka Modrić, Marcelo Brozović, Ivan Perišić (alle Mittelfeld)
Rekordspieler: Luka Modrić (seit 2006, 146 Spiele*)
Rekordtorschütze: Davor Šuker (1990 bis 2002, 45 Tore)

*zum Ende der WM-Qualifikation

Sogar Gianni Infantino hatte Mitleid. Luka Modrić war bei der Weltmeisterschaft 2018 in der Form seines Lebens, hatte Außenseiter Kroatien bis ins Finale gegen Frankreich geführt und musste zum Schluss vom FIFA-Präsidenten getröstet werden.

Schon in der Vorrunde hatten die Südeuropäer mit einem 3:0 gegen Vizeweltmeister Argentinien für Aufsehen gesorgt, doch in der K.o.-Phase war die Mannschaft von Trainer Zlatko Dalić zweimal auf das Glück im Elfmeterschießen und einmal auf die Verlängerung angewiesen, ehe ihnen im Finale buchstäblich die Luft ausging. Trotzdem: Der größte Erfolg der noch jungen Fußball-Nation steht seitdem in den Geschichtsbüchern – Vizeweltmeister.

Schon einmal, bei der ersten Teilnahme als eigener Verband bei einer WM hatte Kroatien auf sich aufmerksam gemacht. 1998 in Frankreich war die Mannschaft um Stürmer-Star Davor Šuker im Viertelfinale sogar Stolperstein für die deutsche Nationalmannschaft und holte sich am Ende den dritten Platz. Zwischen den beiden großen Erfolgen kam Kroatien aber nie über die Vorrunde hinaus, 2010 schaute der Balkanstaat sogar nur zu, wie andere Nationen in Südafrika um den Titel rangen.

Die Besten jenseits der 30

Bei der Weltmeisterschaft 2022 wird Kroatien, das erst am letzten Spieltag der Qualifikation das Turnier-Ticket löste, noch immer von Modrić angeführt. Dem genialen Strategen, der im Mittelfeld die Fäden zieht und seit 2012 auch ein zentraler Spieler bei Real Madrid ist. Doch Modrić wird in Katar schon 37 Jahre alt sein und steht damit exemplarisch für viele der besten Kroaten im Nationalkader.

Auch die Verteidiger Dejan Lovren und Domagoj Vida sind jenseits des 30. Lebensjahrs, Sechser Marcelo Brozović sowie die Offensivakteure Ivan Perišić und Andrej Kramarić auch. Es kommen zwar Talente nach, wie Verteidiger Joško Gvardiol von RB Leipzig, doch von Weltklasse sind er und andere noch weit entfernt. Trainer Dalić wird ein weiteres Mal sein Geschick beweisen müssen, um Kroatien durch ein erfolgreiches Turnier zu führen. Auch wenn die Karierten über den eigenen Zenit hinaus scheinen, sind sie noch immer ein unangenehmer Gegner, der stets fähig ist, über sich hinauszuwachsen.

| Teams aus Europa |

Souveräne Qualifikation

Und plötzlich stand der Fußball still. Ohne Einwirkung eines Gegenspielers war Dänen-Star Christian Eriksen bei der Fußball-Europameisterschaft, die im Sommer 2021 aufgrund der Corona-Pandemie mit einem Jahr Verspätung ausgetragen wurde, im ersten Spiel seiner Mannschaft gegen Finnland zusammengebrochen.

Der damals 29-Jährige hatte einen Herzstillstand erlitten, die Spieler beider Teams standen unter Schock. Verteidiger Simon Kjaer wuchs in diesen Minuten über sich hinaus und kümmerte sich aufopferungsvoll um die Lebensgefährtin seines Mannschaftskameraden, die das Drama hilflos im Stadion mitansehen musste.

Doch, was niemand damals für möglich gehalten hatte, wuchs Dänemark im Schatten des Ereignisses im weiteren Turnierverlauf über sich hinaus und scheiterte erst im EM-Halbfinale gegen England in der Verlängerung. Erinnerungen an 1992 kamen hoch, als die Skandinavier überraschend Europameister wurden, nachdem sie nur als Nachrücker für das vom Bürgerkrieg gebeutelte Jugoslawien teilgenommen hatten. Es scheint das Schicksal der Dänen zu sein, immer dann zu großen Leistungen fähig zu sein, wenn man es am wenigsten erwartet.

Dänemark

Konföderation: UEFA
Spitzname: Danish Dynamite (Dänisches Dynamit)
Titel: Europameister 1992
Bestes WM-Ergebnis: Viertelfinale 1998 (Aus gegen Brasilien)
Trainer: Kasper Hjulmand (seit 1. August 2020)
Aktuelle Topspieler: Andreas Christensen (Abwehr), Pierre Emile Højbjerg (Mittelfeld), Yussuf Poulsen (Sturm)
Rekordspieler: Peter Schmeichel (1987–2001, 129 Einsätze)
Rekordtorschütze: Poul Nielsen (1912–1925) und Jon Dahl Tomasson (1997–2010, je 52 Tore)

Nationaltrainer Kasper Hjulmand musste dann auch weite Teile der WM-Qualifikation ohne Eriksen auskommen. Dennoch marschierten die Dänen mit neun Siegen bei 30:1 Toren in Serie durch die Gruppe F und ließen dabei Schottland, Israel und Österreich hinter sich. Erst das bedeutungslose letzte Spiel bei den Schotten ging dann verloren.

In Abwesenheit ihres Superstars wuchsen andere Spieler, wie die früheren Bundesliga-Profis Pierre Emile Højbjerg und Thomas Delaney, in Führungsrollen hinein. Der talentierte Stürmer Andreas Skov Olsen und Defensivspieler Joakim Mæhle waren mit jeweils fünf Treffern die besten Torschützen auf dem Weg nach Katar. Prunkstück ist aber die Verteidigung, in der neben Kapitän Kjaer vor allem die zweikampfstarken Andreas Christensen und Jannik Vestergaard der hinteren Reihe vor Torwart-Routinier Kasper Schmeichel Stabilität verleihen.

Vor der Einwechslung: Trainer Hjulmand mit Christian Norgaard, Daniel Wass und Yussuf Poulsen im EM-Halbfinale 2021 gegen England (von links)

Mit Pech vom Punkt

Lange hatte die englische Nationalmannschaft kein so gutes Bild mehr von sich abgegeben. Als WM-Vierter von 2018 stand die Mannschaft von Nationaltrainer Gareth Southgate im Finale der Europameisterschaft und war gegen Italien nur ein Elfmeterschießen vom ersten Titelgewinn seit 1966 entfernt.

Doch nach den Fehlschüssen von Marcus Rashford, Jadon Sancho und Bukayo Saka jubelten nicht nur einmal mehr die anderen – der englische Fußball zeigte sein hässliches Gesicht.

Ausgerechnet die dunkelhäutigen Spieler hatten ihre Aufgaben vom Elfmeterpunkt nicht erledigt, nachdem Harry Kane und Harry Maguire die ersten beiden Elfmeter verwandelt hatten. Sofort machten sich rassistische Kommentare in den Sozialen Medien breit, die sogar Prinz William zu einem Tweet veranlassten: »Der Rassismus gegen die englischen Spieler nach dem Spiel gestern Nacht macht mich krank. Es ist völlig inakzeptabel, dass Spieler dieses abscheuliche Verhalten ertragen müssen. Das muss aufhören und alle Beteiligten sollten zur Rechenschaft gezogen werden«, so der Prinz.

Jung und wild

Der Trainer formulierte es am Morgen nach der Niederlage anders: »Wir waren ein Leuchtturm, wir haben die Menschen zusammengebracht. Die Nationalmannschaft steht für alle, und das muss weitergehen. Wir haben gezeigt, was dieses Land schaffen kann, wenn wir zusammenkommen«, blickte Southgate schon fast trotzig nach vorne, will er sich die historische Chance auf den zweiten Weltmeistertitel für das Mutterland des Fußballs doch nicht durch Nebenkriegsschauplätze zerstören lassen.

Denn die englische Nationalmannschaft ist in absoluter Topform und auf nahezu jeder Position mit Spielern von Weltklasse besetzt. Abgesehen von zwei Unentschieden gegen Polen und Ungarn

| Teams aus Europa |

England

Konföderation: UEFA
Spitzname: The Three Lions (Die drei Löwen)
Titel: Weltmeister 1966
Bestes WM-Ergebnis: Weltmeister 1966
Trainer: Gareth Southgate (seit 30. November 2016)
Aktuelle Topspieler: Phil Foden (Mittelfeld), Harry Kane, Raheem Sterling (beide Sturm)
Rekordspieler: Peter Shilton (1970 bis 1990, 125 Einsätze)
Rekordtorschütze: Wayne Rooney (2003 bis 2018, 53 Tore)

rauschten die Briten geradezu durch die WM-Qualifikation und lösten souverän das Ticket für Katar. Mit 39 erzielten Toren während der Qualifikation stellten die Engländer die torgefährlichste Offensive Europas, kein Spieler erzielte mehr Tore auf dem Weg zur Endrunde als Stürmer Harry Kane mit seinen zwölf Treffern.

Die Three Lions sind jung und wild. Kaum ein Spieler des Kaders wird zum WM-Start das 30. Lebensjahr vollendet haben. Kapitän Kane kann sich bei der Mission WM-Titel auf ein hungriges Rudel verlassen, dass vor Talent nur so strotzt. Im Angriff findet er Unterstützung von Jack Grealish und Raheem Sterling, im Mittelfeld wirbeln junge Talente wie Declan Rice, Phil Foden, Jude Bellingham, Mason Mount oder Bukayo Saka. Und in der Abwehr verteidigen internationale Topspieler wie Trent Alexander-Arnold, Luke Shaw oder Harry Maguire. Einzig bei Torwart Jordan Pickford wirkt das Attribut »Weltklasse« ein wenig zu euphorisch, wenngleich der Tormann zumindest kein Unsicherheitsfaktor ist, wie es so oft in der englischen Fußball-Geschichte der Fall war.

Die Sehnsucht, Großes zu schaffen

Southgate bietet sich in dieser Konstellation die einmalige Chance, der langen englischen Fußball-Historie ein erfolgreiches Kapitel hinzuzufügen. Beim Blick auf die WM-Endrunden spielte England häufig gut mit, schied aber bei bisher 15 Teilnahmen siebenmal im Viertelfinale aus. Nur 1966 reichte es zum Titelgewinn im eigenen Land, 1990 und 2018 sprang immerhin das Halbfinale für das Empire heraus. Die Sehnsucht, mit diesem Kader etwas Großes zu schaffen ist geradezu überall im Umfeld der englischen Nationalmannschaft spürbar.

Auch Coach Southgate hat noch eine Rechnung mit großen Turnieren offen. Bei der Europameisterschaft 1996 im eigenen Land war es ein verschossener Elfmeter des damaligen defensiven Mittelfeldspielers gegen den deutschen Torwart Andreas Köpke, der England aus dem Turnier scheiden und den späteren Europameister Deutschland ins Finale kommen ließ. Immer wieder Elfmeterschießen. Seit 1990 hat England bei großen Turnieren sieben von zehn Elfmeterschießen verloren. Häufiger verloren nur die Fußball-Nationalmannschaften von Malawi und Sambia vom Punkt aus. Sollte es Southgate in Katar gelingen eine geeinte Mannschaft auf den Platz zu schicken, dann können sich die Engländer nur selbst schlagen – sofern der Fußballgott England nicht wieder an den Punkt schickt.

»Es ist unmöglich, es immer allen recht zu machen ...«

Gareth Southgate

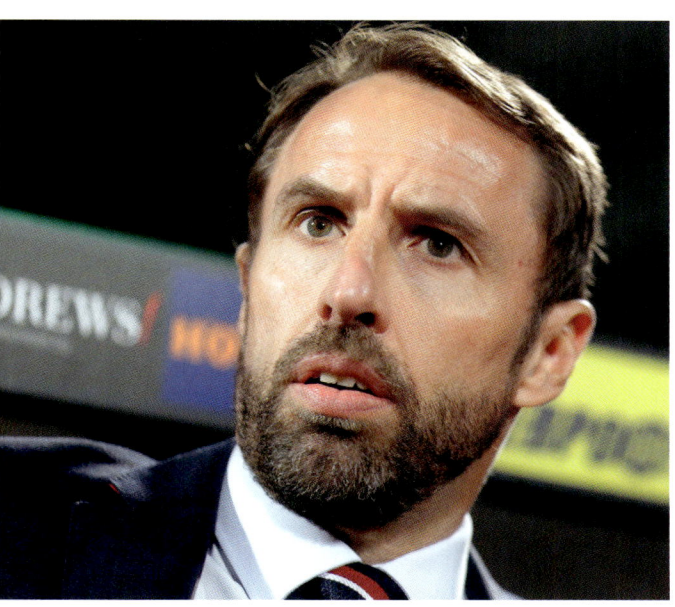

Foto links: Der Torschützenkönig der WM 2018 in Russland Harry Kane beim erfolgreichen Abschluss im Spiel gegen Bulgarien

Foto rechts: Der ehemalige englische Nationalspieler Gareth Southgate ist seit 2016 Teammanager der Three Lions.

| Teams aus Europa |

Der Traum von der K.o.-Runde

Serbien siegte 2:1 im entscheidenden WM-Qualifikationsspiel am 14.11.2021 gegen Portugal. Dušan Vlahović (links) läuft nach Dušan Tadićs Treffer zum 1:1 mit dem Ball in der Hand zum Anstoßpunkt. Rechts Cristiano Ronaldo

Serbien

Konföderation: UEFA
Spitzname: Orlovi (Die Adler)
Titel: /
Bestes WM-Ergebnis: Vorrunde, Gruppendritter, 2018 (Aus gegen Brasilien, Schweiz und Costa Rica)
Trainer: Dragan Stojković (seit 3. März 2021)
Aktuelle Topspieler: Sergej Milinković-Savić (Mittelfeld), Dušan Vlahović, Luka Jović (beide Sturm)
Rekordspieler: Branislav Ivanović (2006 bis 2018, 105 Spiele)
Rekordtorschütze: Aleksandar Mitrović (seit 2013, 44 Tore*)

*zum Ende der WM-Qualifikation

Ein Kopfballtor von Aleksandar Mitrović vollendete die Überraschung. In der 90. Minute des entscheidenden WM-Qualifikationsspiels in Portugal erlöste der Stürmer seine Nation mit dem späten Siegtor, das gleichsam bedeutete, dass Serbien zum dritten Mal in seiner Verbandsgeschichte an einer WM-Endrunde teilnimmt.

Dabei hatte Portugal zunächst geführt, doch Kapitän Dušan Tadić und eben Mitrović drehten die Partie. Für Mitrović war es der achte Treffer im Rahmen dieser WM-Qualifikation – nur Englands Harry Kane und der Niederländer Memphis Depay trafen europaweit häufiger.

Junger Verband

Serbien gehört trotz langer Fußball-Historie zu den jüngsten Verbänden weltweit. Erst nachdem Montenegro 2006 aus dem gemeinsamen Staatenbündnis ausgeschieden war, trat Serbien erstmals eigenständig an. Und das durchaus erfolgreich: Auf Anhieb qualifizierten sich die Serben für die Weltmeisterschaft 2010 in Südafrika. Trotz eines 1:0-Siegs gegen Deutschland war nach der Vorrunde Schluss, ebenso wie bei der WM 2018 in Russland.

Junger Kader

In Katar stehen Trainer Dragan Stojković mit Sergej Milinković-Savić, Dušan Vlahović, Luka Jović und eben Tadić sowie Mitrović mehrere europäische Topspieler zur Verfügung. Allerdings fehlt es dem weitestgehend noch jungen Kader an Breite auf internationalem Topniveau. Das erstmalige Erreichen der K.o.-Phase wäre für Serbien, das in der Physis seine Stärken hat, ein Erfolg. Schon bei der ersten Weltmeisterschaft spielten Serben eine große Rolle, als Jugoslawien als einziges europäisches Team 1930 das Halbfinale erreichte. Das Besondere: Aufgrund von Streitigkeiten zwischen Serben und Kroaten innerhalb des jugoslawischen Verbandes bestand der komplette WM-Kader mit Ausnahme eines Spielers aus Serben. Nachdem die Bevölkerungsgruppen in der Folge ihre Reibereien beigelegt hatten und Serben und Kroaten wieder miteinander spielten, gehörte Jugoslawien für einige Jahre zu den stärksten Fußball-Nationen Europas. 1960 und 1968 nahmen die Jugoslawen zweimal an einem EM-Finale teil und erreichten 1962 bei der Weltmeisterschaft in Chile noch einmal ein WM-Halbfinale. ⚽

| Teams aus Europa |

Souverän durch die Hintertür

Ein 3:1 gegen die Türkei und ein 2:0 gegen Nordmazedonien. Portugal, der Europameister von 2016, qualifizierte sich am Ende souverän über die Playoffs für die Endrunde in Katar.

Vergessen die ernüchternde 1:2-Heimniederlage gegen Serbien am letzten Spieltag der Qualifikations-Gruppenphase, als die Mannschaft von Portugal-Trainer Fernando Santos die Serben noch an sich vorbeiziehen lassen musste.

Dass Portugal sich erst über die Playoffs für Katar qualifizierte, hat aber auch Gründe, die in der Altersstruktur der Mannschaft liegen. Zwar hat Portugal eine Offensive, die allerhöchste internationale Klasse in sich birgt, doch viele der Führungsspieler sind auch deutlich in die Jahre gekommen. Vorne wirbeln neben Superstar Cristiano Ronaldo,

Portugals Altstars Ronaldo (7) und Pepe bedanken sich bei den Fans in Porto für die Unterstützung nach dem 2:0-Sieg gegen Nordmazedonien.

Portugal

Konföderation: UEFA
Spitzname: Seleção das Quinas Tugas (Auswahl Portugals)
Titel: Europameister 2016
Bestes WM-Ergebnis: Dritter 1966 (Aus gegen England)
Trainer: Fernando Santos (seit 23. September 2014)
Aktuelle Topspieler: Bruno Fernandes, Bernardo Silva (beide Mittelfeld), Cristiano Ronaldo (Sturm)
Rekordspieler: Cristiano Ronaldo (seit 2003, 186 Einsätze*)
Rekordtorschütze: Cristiano Ronaldo (seit 2003, 115 Tore*)

*zum Ende der WM-Qualifikation

der auch im fortgeschrittenen Fußball-Alter von 37 Jahren noch die Galionsfigur der portugiesischen Auswahl ist, Offensivakteure wie Bernardo Silva, Bruno Fernandes und Diogo Jota, die alle bei englischen Spitzenvereinen unter Vertrag stehen. Im defensiven Mittelfeld ist João Moutinho gesetzt, aber auch schon 36 Jahre alt. Innenverteidiger Pepe hat sogar schon seinen 39. Geburtstag gefeiert.

Insbesondere in der Abwehr fehlt es an nachrückenden Spielern, die bereits dem Prädikat »Weltklasse« entsprechen. Am ehesten fällt noch Rechtsverteidiger João Cancelo in diese Kategorie. Hoffnungen liegen indes auf Nuno Mendes, der zur WM erst 20 Jahre alt ist und sich bei Paris Saint-Germain in den Vordergrund gespielt hat. Dortmunds langjähriger Profi Raphaël Guerreiro muss bereits hinter Mendes anstehen.

Halbfinale ein Erfolg

Doch aufgepasst: Vor allem bei Weltmeisterschaften taten sich die häufig zum Geheimfavoriten stilisierten Portugiesen schwer. Zum sechsten Mal in Folge ist Portugal nun bei einer Endrunde dabei, doch nur 2006 in Deutschland wurden die Südeuropäer ihren Vorschusslorbeeren mit einer Halbfinalteilnahme gerecht. Ansonsten ereilte die Portugiesen das Aus spätestens bereits im Achtelfinale. So wäre das Viertelfinale für Portugal ein lohnenswertes Ziel, mehr wäre für Cristiano Ronaldo und Kollegen sicherlich eine Überraschung.

Die Zeit ist reif für den Titel

Zwei späte Tore von Steven Bergwijn und Memphis Depay im letzten WM-Qualifikationsspiel gegen Norwegen sicherte der Niederlande ihre Teilnahme an der WM-Endrunde. Dabei hatte die Qualifikation denkbar schlecht für die Oranje-Auswahl angefangen.

Gleich im ersten Spiel der Europa-Gruppe G setzte es eine 2:4-Niederlagen in Istanbul gegen die Türkei. Erst mit der Rückkehr von Louis van Gaal auf den Trainerposten der niederländischen Nationalmannschaft, fand die Elftal wieder zu gewohnter Stärke zurück. Tabellenführer Türkei wurde im Rückspiel im September 2021 in Amsterdam gleich mit 6:1 zurück an den Bosporus geschickt und die Niederlande übernahm den Platz an der Sonne. Dennoch dauerte es bis zum letzten Spieltag, ehe das WM-Ticket in trockenen Tüchern war.

Drei verlorene Endspiele

Mit ihrer elften Teilnahme bei einer Endrunde gleichen die Niederländer ihre Weltmeisterschaftsbilanz aus. Zehn bisherigen Teilnahmen standen bisher elf verpasste Endrunden gegenüber, dreimal bis 1954 hatten die Mitteleuropäer aber auch erst gar nicht an der Qualifikation teilgenommen. Wenn die Niederlande aber zu einem WM-Turnier gefahren ist, dann spielte sie stets eine große Rolle – immer wurde die K.o.-Phase erreicht, zweimal scheiterten die Niederländer im Halbfinale und dreimal setzte es die finale Niederlage erst im Endspiel. Die »Oranje Boven« hatten also bereits dreimal eine Hand am WM-Pokal, sahen nach dem Schlusspfiff aber jeweils die andere Mannschaft jubeln. 1974 Gastgeber Deutschland, 1978 Gastgeber Argentinien und 2010 die spanische Nationalmannschaft.

Immerhin ist es bei der WM 2022 unwahrscheinlich, dass eine potenzielle Finalniederlage erneut gegen den Gastgeber passieren würde – dafür sind die Kataris

> »Es gibt Leute, die total in Gott vertrauen. Ich vertraue total in mich selbst.«
>
> Louis van Gaal

Aloysius Paulus Maria (genannt Louis) van Gaal ist seit August 2021 zum dritten Mal Trainer der niederländischen Auswahl.

doch zu sehr in einer Außenseiterrolle. Doch warum sollte es ausgerechnet auf der arabischen Halbinsel mit dem ersten WM-Titel klappen, schließlich blicken die Niederländer noch auf eine enttäuschende Europameisterschaft zurück, bei der bereits im Achtelfinale gegen Tschechien das Turnier beendet war? Trainer van Gaal hat jedenfalls große Ziele und noch eine Rechnung mit WM-Turnieren offen. In seiner zweiten Amtszeit als Bondscoach führte er die Niederlande 2014 bis ins Halbfinale von Brasilien, wo sich die Van-Gaal-Mannen erst im Elfmeterschießen Argentinien geschlagen geben mussten. In Erinnerung blieb aber vor allem der berauschende 5:1-Auftaktsieg gegen Titelverteidiger und Turnierfavorit Spanien – womit die Revanche für das Finale vier Jahre zuvor gelang.

Die Verteidigung gewinnt Titel

In Katar stellt die Niederlande eine ausgewogene Mannschaft aus Talenten und Erfahrung und kann die vermutlich stärkste Defensive aller Teilnehmer auf den Platz bringen. Van Gaal stehen in Kapitän Virgil van Dijk sowie Stefan de Vrij und Matthijs de Ligt drei Innenverteidiger mit Weltklasseformat zur Verfügung. Hinzu kommen die international erfahrenen Außenverteidiger Denzel Dumfries und Daley Blind. Herzstück des Teams ist aber Frenkie de Jong, der seit 2019 beim FC Barcelona die Strippen im Mittelfeld zieht und auch in der Nationalmannschaft der Denker und Lenker im defensiven Zentrum in der Mitte des Spielfelds ist.

Zudem drängt der erst 20 Jahre alte Ryan Gravenberch ins Team, der zu den größten Talenten des niederländischen Fußballs zählt, im zentralen Mittelfeld aber auch enorme Konkurrenz hat. Gewohnt stark sind die Niederlande zudem in der Offensive, wo Memphis Depay sich mit zwölf Treffern gemeinsam mit dem Engländer Harry Kane als torgefährlichster Spieler der Qualifikationsphase zeigte.

| Teams aus Europa |

Niederlande 🇳🇱

Konföderation: UEFA
Spitzname: Elftal (Ansammlung von elf Fußballern)
Titel: Europameister 1988
Bestes WM-Ergebnis: Vizeweltmeister, 1974 (im Finale gegen Deutschland), 1978 (im Finale gegen Argentinien), 2010 (im Finale gegen Spanien)
Trainer: Louis van Gaal (seit 4. August 2021)
Aktuelle Topspieler: Virgil van Dijk (Abwehr), Frenkie de Jong (Mittelfeld), Memphis Depay (Sturm)
Rekordspieler: Wesley Sneijder (2003 bis 2018, 134 Einsätze)
Rekordtorschütze: Robin van Persie (2005 bis 2017, 50 Tore)

Obwohl die Niederländer schon fast traditionell in den vergangenen Jahrzehnten auf den Stürmer-Positionen herausragend besetzt waren, klafft hinter Depay die wohl größte Lücke im Kader der Elftal.

Zwar sind Donyell Malen von Borussia Dortmund oder Noa Lang große Talente, ihre Klasse auf internationaler Bühne haben sie aber noch nicht nachhaltig bewiesen. Gut möglich, dass der staksig wirkende Wout Weghorst, bekannt aus der Bundesliga vom VfL Wolfsburg, eine Rolle erhalten wird. Doch eine Fußballfloskel besagt, dass Meisterschaften mit der Verteidigung gewonnen werden und insbesondere van Gaal war um eine Floskel noch nie verlegen. Und so gehören die Niederländer in dieser Zusammensetzung mindestens zum erweiterten Kreis der Favoriten. ⚽

Die Elftal spielt zumeist in ihrem traditionellen »Oranje«. Hier feiern die Niederländer ihr erstes Tor gegen Norwegen. Mit dem 2:0-Sieg wurde die WM-Qualifikation erreicht.

Kleine Nation ganz groß

Als könnte er die ganze Welt umarmen. Yann Sommer lief mit ausgebreiteten Armen in die Schweizer Fankurve. Soeben hatte der Torhüter der Schweizer Nationalmannschaft den entscheidenden Elfmeter von Kylian Mbappé gehalten.

Im Achtelfinale der Europameisterschaft 2021 hatte die Schweiz die Sensation geschafft und Weltmeister sowie EM-Favorit Frankreich in einem dramatischen Elfmeterschießen aus dem Turnier befördert. Wieder einmal hatte die kleine Fußballnation Schweiz einem großen Gegner die Stirn geboten.

So war es auch schon bei der Weltmeisterschaft 2010, als die Eidgenossen Spanien in der Vorrunde 1:0 besiegten oder auch 2006, als die Schweiz vollkommen überraschend ihre Vorrundengruppe vor Favorit Frankreich gewann. Im November 2021 fühlten sich auch die Italiener an die Leistungsfähigkeit der Schweizer erinnert. Der amtierende Europameister musste sich in der Qualifikation hinter dem »kleinen gallischen Dorf« einsortieren und verpasste somit die direkte Qualifikation für die WM in Katar.

Über alle Ligen Europas verteilt

Immer wieder sorgt die Schweiz international für Aufsehen, der große Sprung in ein Halbfinale einer Welt- oder Europameisterschaft ist indes noch nie gelungen. 2021 schaffte es der kleine mitteleuropäische Staat nach dem gehaltenen Sommer-Elfmeter erstmals in das Viertelfinale einer Europameisterschaft, bei Weltmeisterschaften datieren die Teilnahmen in der Runde der letzten acht aus den Jahren 1934, 1938 und 1954. Nichtsdestotrotz gehört die Schweiz anno 2022 erneut zu den Nationen, die auch in Katar weit kommen können – und das hat seine Gründe.

Auch wenn die meisten Stars des Teams mittlerweile über die großen europäischen Ligen verteilt sind, gibt es doch kaum einen Nationalspieler, der nicht die Fußballschule des FC Basel durchlaufen und hier seine ersten Profi-Schritte getätigt hat. Auch haben viele Spieler bereits ihre Spuren in der Bundesliga hinterlassen. Führungsspieler wie Granit Xhaka, Ricardo Rodríguez oder Haris Seferović gehören zudem zu den U17-Weltmeistern von 2009. In der Bundesliga setzte in den vergangenen Jahren vor allem Borussia Mönchengladbach auf die gute Ausbildung Schweizer Fußballer. Neben Torhüter Yann Sommer gehören Verteidiger Nico Elvedi und Stürmer Breel Embolo sowohl im Verein wie auch in der »Nati«

> »Was in den letzten Jahren erarbeitet wurde, wollen wir jetzt noch verbessern.«
>
> Murat Yakin

Murat Yakin, der Schweizer Trainer, beim Qualifikationsspiel gegen Italien am 12. November 2021 in Rom

zum Stammpersonal. Mittelfeldspieler Denis Zakaria wechselte im Januar 2022 von Mönchengladbach zu Juventus Turin in die italienische Serie A. Trotzdem steht dieser ausgewogene Kader aus jungen Talenten und etablierten Führungsspielern, Xherdan Shaqiri darf an dieser Stelle nicht vergessen werden, vor einem Neuanfang. Erstmals führt Murat Yakin die Schweiz als Trainer in ein großes Turnier. Er tritt in die Fußstapfen gleich mehrerer angesehener Trainer, die in diesem Jahrtausend die Verantwortung an der Seitenlinie trugen: Zuletzt Vladimir Petković, davor Ottmar Hitzfeld und der 2019 verstorbene Jacob »Köbi« Kuhn. Sollte es Yakin gelingen, die Stabilität in der Defensive zu gewährleisten, dann ist die Schweiz mit ihrer kämpferischen Mentalität für jede Nation ein unangenehmer und schwer zu besiegender Gegner, der erstmals seit 1954 wieder das Viertelfinale einer WM-Endrunde erreichen kann. Die Stärke der Schweiz liegt in der mannschaftlichen Geschlossenheit, einer kompakten Defensive sowie einem robusten Mittelfeld.

Die Schweizer, die in Katar zum fünften Mal in Folge an einer Weltmeisterschaft teilnehmen, gehörten allerdings nicht immer zu den sicheren Teilnehmern internationaler Turniere. 40 Jahre musste der Alpenstaat nach der WM im eigenen Land 1954 auf einen Sieg bei einem WM-Turnier warten. Bei zwei Teilnahmen zwischen 1954 und 1994 war die »Nati« mit jeweils drei Niederlagen als Vorrundenletzter wieder nach Hause geschickt worden, ehe in den USA ein 4:1 gegen Rumänien gelang und der Bann gebrochen war. Erst seit 2004 mischt man wieder regelmäßig im Konzert der großen Fußball-Nationen mit.

| Teams aus Europa |

Schweiz 🇨🇭

Konföderation: UEFA
Spitzname: Nati
Titel: /
Bestes WM-Ergebnis: Viertelfinale 1934 (Aus gegen Tschechoslowakei), 1938 (Aus gegen Ungarn), 1954 (Aus gegen Österreich)
Trainer: Murat Yakin (seit 9. August 2021)
Aktuelle Topspieler: Manuel Akanji (Abwehr), Granit Xhaka, Xherdan Shaqiri (beide Mittelfeld)
Rekordspieler: Heinz Hermann (1978 bis 1991, 118 Einsätze)
Rekordtorschütze: Alex Frei (2001 bis 2011, 42 Tore)

Freude pur: Torschütze Silvan Widmer (3) jubelt mit Denis Zakaria (6) und Ruben Vargas (rechts) über das 1:0 beim WM-Qualifikationsspiel gegen Europameister Italien. Das Spiel endete 1:1. Italien musste in die Relegation und schied gegen Nordmazedonien aus.

| Teams aus Europa |

»Goldene Generation« soll liefern

Torwart Thibaut Courtois hatte das Nachsehen. Am 10. Juli 2018 endete der Traum der belgischen Nationalmannschaft vom ersten Titel bei einer Welt- oder Europameisterschaft.

Kevin de Bruyne (7) gehört zu den Stars der goldenen Generation Belgiens.

Im WM-Halbfinale im russischen St. Petersburg hatte der Franzose Antoine Griezmann einen Eckball kurz nach der Pause auf den ersten Pfosten geschlagen, wo Innenverteidiger Samuel Umtiti am höchsten stieg und den Ball mit dem Kopf am belgischen Torwart vorbei ins Netz beförderte. Die herausragenden Siege in der Gruppenphase gegen Mitfavorit England und im Viertelfinale gegen Rekordweltmeister Brasilien verblassten. Immerhin: Nach einem erneu-

»Ich bin glücklich und stolz, dass ich hier weiter arbeiten und die Zukunft des belgischen Fußballs mitgestalten kann.«

Roberto Martínez nach seiner Vertragsverlängerung

ten Sieg über das englische Nationalteam im Spiel um Platz drei stand die erfolgreichste WM-Teilnahme der belgischen Auswahl in den Geschichtsbüchern.

Auf Anhieb im Favoritenkreis

Vier Jahre zuvor, bei der Weltmeisterschaft in Brasilien, war eine lange Durststrecke in der Fußball-Geschichte des mitteleuropäischen Staates geendet. Zwölf Jahre – oder fünf WM- und EM-Endrunden in Folge – waren die Belgier nicht dabei gewesen. Bei ihrer Rückkehr auf die große Fußballbühne gehörten die »Roten Teufel« dann aber auf Anhieb zum erweiterten Favoritenkreis. Der Aufschwung des belgischen Fußballs in der zweiten Dekade des 21. Jahrhunderts ist dabei eng mit Marc Wilmots verbunden. Wilmots übernahm die belgische Nationalmannschaft 2012 als Trainer und formte aus einem zerstrittenen Haufen eine Einheit, die aus Talenten und Routiniers sowie etlichen Spielern mit Migrationshintergrund zusammengestellt war. In Brasilien holten die Belgier dann direkt Platz eins in ihrer Vorrundengruppe und mussten sich erst im Viertelfinale dem späteren Vizeweltmeister Argentinien geschlagen geben.

Damals standen neben dem international anerkannten Innenverteidiger-Duo aus Kapitän Vincent Kompany und Daniel van Buyten bereits Spieler wie Torhüter Thibaut Courtois, Verteidiger Jan Vertonghen, die Mittelfeldspieler Axel Witsel, Kevin de Bruyne, Eden Hazard und Nacer Chadli sowie die Stürmer Romelu Lukaku, Divock Origi und Dries Mertens auf dem Platz. Nachdem Belgien das Aus bei der Europameisterschaft 2016 als Favorit im Spiel gegen Wales ebenfalls bereits im Viertelfinale ereilte, wurde Nationaltrainer Wilmots vom Spanier Roberto Martínez ersetzt, der die Mannschaft noch immer an der Seitenlinie betreut.

Letzte Chance

Courtois, Vertonghen, Witsel, de Bruyne, Hazard, Chadli, Lukaku, Origi und Mertens gehörten im Verlaufe der Qualifikation für Katar noch immer der belgischen Nationalmannschaft an, doch werden bis auf Lukaku und Origi zum Turnierstart alle anderen Spieler dieser Goldenen Generation das 30. Lebensjahr bereits überschritten haben. Es ist vermutlich die letzte Chance für Ausnahmespieler wie de Bruyne oder Hazard auf einen Weltmeistertitel. Die europäische Qualifikation in Gruppe E durchstanden die Martínez-Mannen ungeschlagen, auch gelang die verspätete Revanche gegen Wales, das man, wie auch Tschechien, Estland und Belarus, hinter sich ließ. Erfolgreichster Torschütze auf dem Weg nach Katar war einmal mehr Lukaku, dem fünf Tore gelangen.

Bei der Weltmeisterschaft in Katar muss den belgischen Fans daher auch nicht Angst und Bange ob des fortgeschrittenen Fußball-Alters vieler ihrer Stars sein – zum Abschluss der WM-Qualifikation listete die FIFA Belgien auf Platz eins ihrer Weltrangliste. Vielleicht stimmt somit ausgerechnet bei dieser Endrunde die Mischung aus den erfahrenen Topspielern und den jungen Talenten, die nachkommen und bereit sind, zunächst neben die Protagonisten der Goldenen Generation zu treten und später in deren Fußstapfen hineinzuwachsen. Spieler wie Youri Tielemans, Charles de Ketelaere und Alexis Saelemaekers haben gute Chancen, die nächste Generation des belgischen Fußballs zu prägen. Doch nun geht es erst mal darum, gemeinsam in Katar Großes zu erreichen.

Auch damit es dieser Mannschaft nicht so ergeht, wie der ersten belgischen Auswahl, die einmal ein WM-Halbfinale erreichte. 1986 in Mexiko musste sich die mit Stars wie Torwart Jean-Marie Pfaff, Verteidiger Eric Gerets oder Mittelfeldspieler Jan Ceulemans gespickte Mannschaft nach Niederlagen gegen Argentinien und Frankreich am Ende aber mit dem vierten Platz begnügen.

Er war vor seiner Zeit in Belgien ein renommierter Trainer in der englischen Premier League: der Spanier Roberto Martínez.

Belgien

Konföderation: UEFA
Spitzname: Diables Rouges (Rote Teufel)
Titel: /
Bestes WM-Ergebnis:
Dritter 2018
(Aus gegen Frankreich)
Trainer: Roberto Martínez
(seit 3. August 2016)
Aktuelle Topspieler: Thibaut Courtois (Torwart), Kevin de Bruyne (Mittelfeld), Romelu Lukaku (Sturm)
Rekordspieler: Jan Vertonghen (seit 2007, 136 Spiele*)
Rekordtorschütze: Romelu Lukaku (seit 2010, 68 Tore*)

*zum Ende der WM-Qualifikation

| Teams aus Europa |

Der Titelverteidiger

Mit dem linken Fuß ins linke Eck. Im Finale der Weltmeisterschaft 2018 sorgte Paul Pogba mit seinem gefühlvollen Schlenzer von der Strafraummarkierung für den Treffer zum zwischenzeitlichen 3:1 gegen Kroatien. Nachdem Teamkollege Antoine Griezmann die Franzosen bereits vor der Pause in Führung gebracht hatte, war es nun am schlaksigen Mittelfeldspieler für die Vorentscheidung in Moskau zu sorgen.

Wenige Minuten später erhöhte Shooting-Star Kylian Mbappé auf 4:1, das zweite kroatische Tor von Mario Mandžukić vermochte keinen Einfluss mehr auf den Ausgang des Spiels zu nehmen. Frankreich gewann zum zweiten Mal eine Fußball-WM. Drei Jahre später stand Frankreich erneut in einem internationalen Finale. In der bei vielen Fans noch nicht ganz etablierten Nations League trafen die Franzosen im Endspiel von Mailand auf Spanien. Ein Übersteiger und überlegter Abschluss von Mbappé sorgte dafür, dass die Équipe Tricolore die Spanier trotz Rückstands noch mit 2:1 besiegte und somit auf Portugal folgte, das zwei Jahre zuvor die erste Austragung der UEFA Nations League gewonnen hatte. Wenn es in den letzten Jahren um internationale Titel ging, war mit Frankreich immer zu rechnen.

Im Konzert der ganz Großen dabei

Viele Fäden laufen dabei bei Didier Deschamps zusammen. Der Nationaltrainer, der als aktiver Spieler Les Bleus 1998 mit der Kapitänsbinde am Arm zum ersten Weltmeistertitel führte, ist bereits seit 2012 im Amt und hat aus einer zerstritte-

10.10.2021: Die französische Nationalmannschaft bejubelt Karim Benzemas (19) Tor zum 1:1 im Nations-League-Finale gegen Spanien. Das Spiel im Mailänder Giuseppe-Meazza-Stadion (ehemals Stadio San Siro) endete 2:1 für Frankreich. Rechts Paul Pogba (6), gefolgt von Benjamin Pavard (2) und Dayot Upamecano (15). Mit der Nummer 10 Kylian Mbappé

> »Wenn man sein endgültiges Aufgebot für die Welt- oder Europameisterschaft bekannt gibt, nimmt man nicht die 23 besten Spieler, das ist sicher.«
>
> Didier Deschamps

Didier Deschamps löste seinen Weltmeister-Kollegen von 1998, Laurent Blanc, 2012 als Trainer der französischen Nationalelf ab.

Frankreich

Konföderation: UEFA
Spitzname: Les Bleus (Die Blauen)
Titel: Weltmeister 1998, 2018, Europameister 1984, 2000, Nations-League-Sieger 2021
Bestes WM-Ergebnis: Weltmeister 1998, 2018
Trainer: Didier Deschamps (8. Juli 2012)
Aktuelle Topspieler: Raphaël Varane (Abwehr), Paul Pogba (Mittelfeld), Kylian Mbappé (Sturm)
Rekordspieler: Lilian Thuram (1994 bis 2008, 142 Spiele)
Rekordtorschütze: Thierry Henry (1997 bis 2010, 51 Tore)

nen Nationalmannschaft, die bei der WM 2010 für einen Eklat gesorgt hatte und bei der Europameisterschaft zwei Jahre später enttäuschte, über die Jahre ein Team geformt, das wieder im Konzert der Großen ganz vorne mitspielt. Bei seiner ersten Weltmeisterschaft als Frankreichs Trainer erreichte er 2014 bereits das Viertelfinale, in dem die Franzosen am späteren Weltmeister Deutschland scheiterten. Dem Vizeeuropameistertitel 2016 folgte dann der Triumph von Russland.

Doch so ganz ohne Makel ist der französische Fußball noch immer nicht. Bei der zurückliegenden EM kam das Aus bereits im Achtelfinale. In der Gruppenphase gab es lediglich einen Sieg, die Schweiz hatte dann in der ersten K.o.-Runde das glücklichere Ende im Elfmeterschießen für sich. Es war die Nonchalance, über die Frankreich gestolpert war – wie so viele Favoriten in der Annahme der eigenen Stärke irgendwann über die eigenen Beine fallen. Vielen französischen Spielern wurde im Nachgang vorgeworfen, dass sie nicht fokussiert genug gewesen waren. Die Nachtruhe im Teamhotel soll unter dem gemeinsamen Genuss von Streaming-Diensten gelitten haben.

Wie dem auch sei, man darf annehmen, dass die Franzosen sich der Kritik angenommen haben und dass Deschamps die Zügel in Katar wieder stärker in der Hand hält. Denn Frankreich gehört mit seinem Potenzial an individueller Klasse bei der WM 2022 zur absoluten Weltspitze und verfügt zudem über eine eingespielte Mannschaft. Viele Weltmeister von 2018 gehören nicht nur dem erweiterten Kreis an, sie sind Schlüsselfiguren eines Weltklassekaders.

Mit dem Bayernblock in der Abwehr

Mbappé und Griezmann werden dabei von Karim Benzema unterstützt, der, zeitweise bei Deschamps in Ungnade gefallen, nicht für die WM 2018 nominiert worden war. Im Mittelfeld zieht neben Pogba weiterhin N'Golo Kanté die Fäden, während in der Verteidigung gleich ein ganzer Block spielt, der mit dem FC Bayern München in den letzten Jahren so erfolgreich war: Lucas Hernández und Benjamin Pavard, die zu den Weltmeistern von 2018 gehören, und Dayot Upamecano. Hernández und Pavard rücken im offensiv ausgelegten System, in dem Deschamps in der Abwehr häufig auf eine Dreierkette vertraut, ins Mittelfeld vor. Das Abwehrbollwerk, das in der Qualifikation für Katar nur drei Gegentore zuließ, bilden dann die Weltmeister Raphaël Varane und Presnel Kimpembe sowie der junge Jules Koundé.

Nicht mehr ganz so jung ist Torhüter Hugo Lloris. Der 35 Jahre alte Mannschaftskapitän bringt seine ganze Routine ein und steht in Katar vor seiner wahrscheinlich letzten Weltmeisterschaft. Frankreich gehört mit dieser Mischung aus elitären Superstars, erfahrenen Routiniers und hungrigen Talenten zu den Topfavoriten auf den WM-Titel.

| Teams aus Europa |

Hoffnung auf Lewandowski

Polen

Konföderation: UEFA
Spitzname: Biało-Czerwoni (Die Weiß-Roten)
Titel: Keine
Bestes WM-Ergebnis: Dritter 1974 (Aus in der Zwischenrunde gegen Deutschland, Schweden, Jugoslawien), 1982 (Aus gegen Italien)
Trainer: Czeslaw Michniewicz (seit 31. Januar 2022)
Aktuelle Topspieler: Wojciech Szczesny (Torhüter), Piotr Zieliński (Mittelfeld), Robert Lewandowski (Sturm)
Rekordspieler: Robert Lewandowski (seit 2008, 129 Einsätze*)
Rekordtorschütze: Robert Lewandowski (seit 2008, 75 Tore*)

*zum Ende der WM-Qualifikation

Wieder einmal war es Robert Lewandowski. Mit seinem Elfmetertreffer zum 1:0 gegen überlegene Schweden im Playoff-Spiel brachte der polnische Rekordspieler und -schütze seine Auswahl auf die Siegerstraße.

Nach dem Tor zum 2:0 durch Piotr Zieliński stand dann fest, dass Polen zum neunten Mal zu einer WM-Endrunde fahren wird. Die Sehnsucht der Polen auf eine ernstzunehmende Rolle im Weltfußball ist dabei groß, zuletzt überstanden die Osteuropäer 1986 in Mexiko die Vorrunde. 1974 und 1982 wurden die Polen sogar jeweils WM-Dritter.

Der Weg der Polen nach Katar war ungewöhnlich. In der Gruppenphase wurden die Polen mit dem drittbesten Angriff der Europa-Qualifikation zunächst Zweiter hinter England und mussten folglich in die Playoffs. Aufgrund des Ausschlusses von Russland kamen die Rot-Weißen kampflos ins Finale gegen Schweden – der Rest ist bekannt. Zugeschnitten ist das polnische Angriffsspiel auf den zweimaligen Weltfußballer Lewandowski, der mit acht Toren während der Qualifikation einen erheblichen Anteil zum Erfolg der Polen beitrug. Hinter Lewandowski prägt Zieliński das Spiel im offensiven Mittelfeld, derweil kann die Verteidigung mit der Stärke der Offensive nicht mithalten. Hinten ist noch immer der mittlerweile 34 Jahre alte Kamil Glik gesetzt, der aber nur noch in Italiens Serie B aktiv ist. Dafür steht mit Wojciech Szczesny einer der besten Torhüter der letzten Jahre im Kasten.

Kurzfristiger Trainerwechsel

Überraschend musste der polnische Fußballverband PZPN zum vorangegangenen Jahreswechsel einen neuen Nationaltrainer suchen. Paulo Sousa, der erst im Januar 2021 den Job auf der Trainerbank Polens angenommen hatte, kam zum Jahresende 2021 mit einem Rücktrittsgesuch auf Cezary Kulesza, den Vorsitzenden des PZPN, zu. Obwohl Kulesza ablehnte, unterschrieb Sousa einen Vertrag als Vereinstrainer von Flamengo Rio de Janeiro und musste eine Entschädigung an den PZPN entrichten. Nachfolger von Sousa wurde der international recht unbekannte Czeslaw Michniewicz, der von 2017 bis 2020 die U21-Nationalmannschaft Polens trainiert hatte und zuletzt Coach von Polens Rekordmeister Legia Warschau war.

Robert Lewandowski (9), Polens Stürmer, im Zweikampf mit Marcus Danielson. Polen gewann das entscheidende Relegationsspiel gegen Schweden 2:0.

| Teams aus Europa |

Wer fährt noch nach Katar?

Zur Auslosung der WM-Gruppen am 1. April 2022 waren 29 der 32 WM-Tickets vergeben. Die restlichen drei Endrunden-Teilnehmer werden unter insgesamt acht Mannschaften aus fünf Kontinentalverbänden ausgespielt. Während die zwei Tickets der interkontinentalen Playoffs planmäßig erst im Juni 2022 vergeben werden, mussten die drei europäischen Nationen aufgrund des Krieges zwischen Russland und der Ukraine kurzfristig ihre Planungen verschieben.

Europa

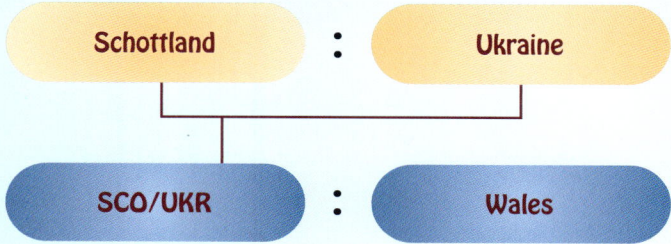

Interkontinental

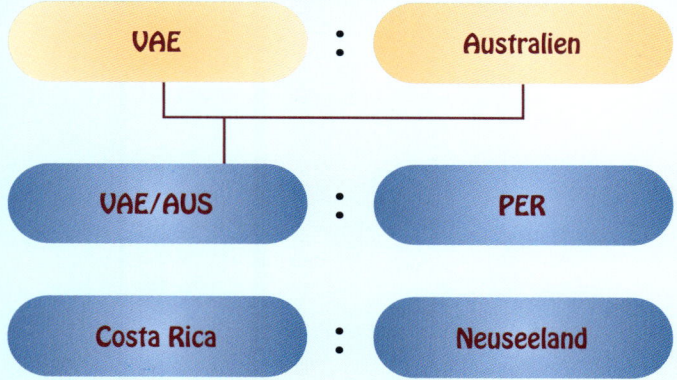

Insgesamt bewerben sich noch Australien, Costa Rica, Neuseeland, Peru, Schottland, die Ukraine, die Vereinigte Arabische Emirate und Wales für Katar. Über Weg A der europäischen Playoffs setzte sich Wales im ersten Halbfinale bereits gegen Österreich durch und wartet im Finale noch auf den Sieger der Partie Schottland gegen die Ukraine. In den interkontinentalen Playoffs stehen sich unterdessen Costa Rica und Neuseeland gegenüber sowie der Sieger aus Vereinigte Arabische Emirate gegen Australien und Peru.

Russland ausgeschlossen

Russland nimmt nicht an der Weltmeisterschaft teil. Die Russen, Gastgeber der vergangenen Weltmeisterschaft von 2018, hatten sich ursprünglich als Zweiter ihrer Gruppenphase hinter Kroatien für die Playoffs qualifiziert. Dort weigerten sich aber die anderen drei Nationen des Playoff-Baums, Polen, Schweden und Tschechien, gegen Russland anzutreten, das als Aggressor im Krieg gegen die Ukraine aufgetreten war. Am 28. Februar beschlossen dann FIFA und UEFA gemeinsam, die russische Nationalmannschaft sowie sämtliche russischen Vereine von internationalen Spielen auszuschließen.

Europameister Italien wieder nicht dabei

Italien verpasste die WM-Endrunde hingegen auf sportlichem Wege. In der Gruppenphase reichte es nach vier Siegen und vier Unentschieden hinter der Schweiz nur zu Platz zwei, in den Playoffs gab es dann eine überraschende 0:1 Niederlage im Heimspiel gegen Nordmazedonien. Das Tor der Nordmazedonier fiel in der zweiten Minute der Nachspielzeit. Dabei ging Italien als amtierender Europameister in die letzten Qualifikationsspiele und hatte zwischenzeitlich bis Oktober 2021 den Weltrekord von 37 Länderspielen in Folge ohne Niederlage aufgestellt. Damit verpasst der viermalige Weltmeister die zweite Endrunde in Folge. Eine letzte Hoffnung bleibt: Als bestplatzierte Nation der Weltrangliste, die sich nicht für Katar qualifiziert hat, ist Italien der erste Nachrücker, falls noch eine qualifizierte Nation von der FIFA ausgeschlossen wird. ⚽

CAF

Französisch:	Confédération Africaine de Football
Englisch:	Confederation of African Football
Deutsch:	Afrikanischer Fußballverband

Startplätze: 5
Qualifikation: 54 Teilnehmer

TEAMS AUS

Die frisch gebackenen Afrikameister feiern ihren Erfolg: Senegal gewann seinen ersten Titel.

AFRIKA

| Teams aus Afrika |

Der Afrikameister

Es war ein unwürdiges Schauspiel. Im entscheidenden WM-Qualifikationsspiel zwischen dem Senegal und Ägypten kam es im senegalesischen Diamniadio nahe Dakar zum Elfmeterschießen.

Von Laserpointern geblendet verschossen die Ägypter Mohamed Salah, Zizo und Mostafa Mohamed, lediglich Amr El Solia traf trotz des unfairen Eingriffs von den Zuschauerrängen.

Nach Treffern der Senegalesen Ismaïla Sarr und Bamba Dieng verwandelte Starspieler Sadio Mané den Elfmeter nach Katar. Der Jubel war im weiten Rund des Stade du Senegal natürlich trotzdem grenzenlos. Ägypten hatte das Hinspiel 1:0 gewonnen, der Senegal war im Rückspiel durch ein Eigentor des Ägypters Hamdi Fathi zum zusammenfassenden Ausgleich gekommen.

Die Qualifikation für die Weltmeisterschaft 2022 war nach dem Sieg beim Afrika Cup der zweite große Erfolg für die Mannschaft des senegalesischen Trainers Aliou Cissé, der schon seit 2015 die Verantwortung an der Seitenlinie trägt. Schon im Finale des Afrika Cups war es zum Duell zwischen dem Senegal und Ägypten gekommen. Und wie einige Wochen später im WM-Qualifikationsspiel musste auch hier das Elfmeterschießen über den Sieger entscheiden. Der Senegal gewann mit 4:2 und feierte erstmals in seiner Verbandshistorie die Afrika-Meisterschaft.

Erst zum dritten Mal ist der Senegal bei einer WM-Endrunde dabei. Gleich bei der Premiere in Japan und Südkorea 2002 hatten die Westafrikaner dabei für Furore gesorgt. Im Eröffnungsspiel gegen Weltmeister Frankreich gewannen die Senegalesen durch einen Treffer von Papa Bouba Diop, der 2020 im Alter von nur 42 Jahren an der Nervenkrankheit ALS verstorben ist, sensationell mit 1:0. Die Reise des Senegals ging bei dieser Weltmeisterschaft nach zwei Unentschieden in der Gruppenphase gegen Dänemark und Uruguay und einem Achtelfinalsieg gegen Schweden bis ins Viertelfinale, wo sich erst die damals stark aufspielende Türkei als zu stark erwies. Die Weltmeisterschaft 2018 endete für den Senegal hingegen schon nach der Vorrunde, der Auftaktsieg gegen Polen reichte nach einem Unentschieden gegen Japan und einer Niederlage gegen Kolumbien nicht aus.

Herausragende Arbeitsmoral

Im Winter 2022 strebt der Senegal daher die Rückkehr in die K.o.-Runde an. Neben Sadio Mané verfügt der Senegal über

WM-Qualifikation am 29. März 2022: Großer Jubel bei Senegal über das 1:0 gegen Ägypten. Senegal qualifizierte sich nach Elfmeterschießen.

| Teams aus Afrika |

> »Wir sind Afrikameister. Es war lang, es war schwierig, manchmal kompliziert, aber wir haben nie aufgegeben.«
>
> Aliou Cissé, Trainer Senegal

einen weiteren Superstar. Das Tor hütet Edouard Mendy, der 2021 noch vor dem Italiener Gianluigi Donnarumma und Deutschlands Manuel Neuer FIFA-Welttorhüter wurde und beim FC Chelsea unter Vertrag steht. Mendy prägt dabei lautstark das Spiel der gesamten Verteidigung. Er holt sich mit seiner ausgezeichneten Physis nicht nur viele Flanken, er dirigiert die Verteidiger vor ihm im Stellungsspiel. Mendy hat ein dominantes Auftreten und ist mit seiner herausragenden Arbeitsmoral auch ein großes Vorbild für seine Teamkollegen.

Im Feld ist allerdings vieles auf Mané zugeschnitten, den quirligen Offensivakteur, der Spiele vorne alleine entscheiden kann. Dennoch ist er nicht der einzige Feldspieler internationaler Klasse. Für den Senegal spielen auch die international erprobten Kalidou Koulibaly und Abdou Diallo in der Verteidigung sowie Ismaïla Sarr und Boulaye Dia im Angriff. Große Hoffnungen liegen zudem zu Turnierbeginn auf dem erst 20 Jahren alten Pape Sarr, der im defensiven Mittelfeld zuhause ist und dort die Fäden in der Zukunft ziehen soll. Bekannt ist hierzulande auch Bouna Sarr vom FC Bayern München. Der Außenverteidiger gehört zum erweiterten Kreis der senegalesischen Auswahl und hofft auf den Sprung in den WM-Kader.

Der Senegal zeichnet sich durch sein diszipliniertes Auftreten in der Defensive sowie sein gefährliches Angriffsspiel aus und ist für jeden Gegner schwer zu schlagen, wenngleich die Afrikaner insgesamt nur eine Außenseiterrolle bekleiden. In Vorrundengruppe A mit Gastgeber Katar als Gruppenkopf ist dem Senegal der Sprung in die K.o.-Runde durchaus zuzutrauen.

Aliou Cissé gehört zur jungen Generation afrikanischer Trainer. Als Spieler erreichte er 2002 das bisher beste Ergebnis Senegals mit dem Erreichen des Viertelfinales.

Senegal

Konföderation: CAF
Spitzname: Les Lions de la Teranga (Löwen der Teranga)
Titel: Afrikameister 2022
Bestes WM-Ergebnis: Viertelfinale 2002 (Aus gegen die Türkei)
Trainer: Aliou Cissé (seit 5. März 2015)
Aktuelle Topspieler:
Edouard Mendy (Torwart), Kalidou Koulibaly (Abwehr), Sadio Mané (Sturm)
Rekordspieler: Henri Camara (1999 bis 2008, 99 Einsätze)
Rekordtorschütze: Henri Camara (1999 bis 2008, 29 Tore)*

*zum Ende der WM-Qualifikation lag Sadio Mané mit 28 Toren nur einen Treffer hinter Camara

| Teams aus Afrika |

Kompakt und diszipliniert

Achraf Hakimi im entscheidenden WM-Qualifikationsspiel gegen DR Kongo

Marokko

Konföderation: CAF
Spitzname: Lions de l'Atlas (Die Löwen vom Atlas)
Titel: Afrikameister 1976
Bestes WM-Ergebnis: Achtelfinale 1986 (Aus gegen Deutschland)
Trainer: Vahid Halilhodžić (seit 15. August 2019)
Aktuelle Topspieler: Romain Saïss, Achraf Hakimi (beide Abwehr), Youssef En-Nesyri (Sturm)
Rekordspieler: Noureddine Naybet (1990 bis 2006, 115 Einsätze)
Rekordtorschütze: Ahmed Faras (1966 bis 1979, 36 Tore)

Am Ende machten sie kurzen Prozess. In den Playoffs der dritten Qualifikationsrunde Afrikas setzten sich die Marokkaner im Rückspiel gegen die Demokratische Republik Kongo mit 4:1 durch.

Azzedine Ounahi, Tarik Tissoudali und Achraf Hakimi hatten das Ergebnis nach einen 1:1 im Hinspiel schon nach 69 Minuten auf 4:0 gestellt, der noch fehlende Treffer der Kongolesen blieb nur Ergebniskorrektur. Dadurch qualifizierte sich die Nationalmannschaft Marokkos zum sechsten Mal für die Endrunde einer Weltmeisterschaft.

Hinten sicher, vorne treffsicher

Trainiert von dem Bosnier Vahid Halilhodžić stehen die Marokkaner für einen kompakten und disziplinierten Fußball. Wie stark die Verteidigung um Kapitän und Innenverteidiger Romain Saïss gegen internationale Topgegner aber wirklich steht, wird sich bei der WM zeigen. Nur drei Gegentore auf dem Weg nach Katar bedeuteten jedenfalls die beste Abwehr der afrikanischen WM-Qualifikation hinter Tunesien und Mali. Kommt Marokko einmal in Schwung, dann sind die Löwen vom Atlas kaum noch aufzuhalten – nur Algerien erzielte in der Qualifikation mehr Tore.

Die Stürmer Ryan Mmaee und Ayoub El Kaabi waren alleine für neun der 25 Qualifikationstore verantwortlich. Star der Auswahl ist aber der frühere Dortmunder Achraf Hakimi, der zu den besten Rechtsverteidigern weltweit gehört. In Katar hoffen die Nordafrikaner darauf, endlich wieder die Gruppenphase zu überstehen. Wie damals, 1986 in Mexiko. Nach zwei torlosen Partien gegen Polen und England gewann Marokko gegen Portugal mit 3:1 und schloss als erste afrikanische Nation in der WM-Geschichte eine WM-Vorrundengruppe als Sieger ab.

Achtelfinale gilt als Erfolg

Doch dann kam Deutschland. Bis in die Schlussminuten hinein hielt Marokko wieder einmal ein 0:0. Dann hatte Lothar Matthäus seinen großen Moment. Der deutsche Mittelfeldspieler traf in der 87. Minute mit einem direkt verwandelten Freistoß aus 30 Metern ins rechte untere Eck und beendete die erfolgreiche Reise der Marokkaner bei dieser Endrunde im Achtelfinale. Bei allen anderen Teilnahmen an WM-Endrunden endete das Intermezzo bereits nach der Vorrunde.

| Teams aus Afrika |

Die kleine Unbekannte

Tunesien

Konföderation: CAF
Spitzname: Les Aigles de Carthage (Die Adler von Karthago)
Titel: Afrikameister 2004
Bestes WM-Ergebnis: Vorrunde, Gruppendritter 1978 (Aus gegen Polen, Deutschland und Mexiko), 2018 (Aus gegen Belgien, England und Panama)
Trainer: Jalel Kadri (seit 30. Januar 2022)
Aktuelle Topspieler: Ellyes Skhiri (Mittelfeld), Naïm Sliti, Wahbi Khazri (beide Sturm)
Rekordspieler: Radhi Jaïdi (1996 bis 2009, 105 Einsätze)
Rekordtorschütze: Issam Jemâa (2005 bis 2014, 36 Tore)

Am 29.03.2022 spielte Tunesien 0:0 gegen Mali. Die Qualifikation zur WM wurde damit geschafft.

Ausgerechnet ein Eigentor von Malis Moussa Sissako war der Wegbereiter für Tunesien zur WM-Endrunde in Katar. Das 1:0 im Hinspiel in Mali reichte nach dem 0:0 im Rückspiel aus.

Ärgerlich für Mali: Noch beim Afrika-Cup im Januar hatte Mali Tunesien geschlagen. Nun aber nehmen die Tunesier an der Weltmeisterschaft teil – und sind in Katar klare Außenseiter. Schon in der Gruppenphase der afrikanischen WM-Qualifikation hatte Tunesien alles andere als geglänzt, beim sieglosen Tabellenletzten Mauretanien nur 0:0 gespielt und bei Verfolger Äquatorialguinea verloren.

Umso mehr wird die Mannschaft von Trainer Jalel Kadri alle Kräfte bündeln müssen, um eine erfolgreiche WM zu spielen. Erfolg wäre für Tunesien dabei schon ein Sieg in Vorrundengruppe D mit Frankreich, Dänemark und dem Sieger aus der letzten Qualifikationsrunde – Vereinigte Arabische Emirate, Australien oder Peru. Denn vor vier Jahren war der Jubel groß, zwar schieden die Nordafrikaner in alter Gewohnheit abermals in der Vorrunde aus, gegen Panama gelang aber immerhin der erste WM-Sieg nach 40 Jahren – und der zweite in der tunesischen Fußball-Historie überhaupt, nach einem Erfolg gegen Mexiko bei der WM 1978.

Bekanntester Nationalspieler Tunesiens ist Mittelfeldspieler Ellyes Skhiri, der vielen Fußballfans durch seine Zeit beim 1. FC Köln seit 2019 bekannt ist. Ansonsten setzt Trainer Kadri, der selbst erst seit Anfang 2022 die Verantwortung trägt, auf eine Elf international weitestgehend weniger bekannter Spieler. Viele Spieler sind in zweitklassigen europäischen Ligen oder sogar in der einheimischen Liga aktiv. Hannibal Mejbri schürt hingegen die Hoffnungen auf einen zukünftigen internationalen Topspieler. Der 19-Jährige spielt in der zweiten Mannschaft von Manchester United und arbeitet an seinem Durchbruch.

| Teams aus Afrika |

Der Überraschungsteilnehmer

Sang- und klanglos schied Ghana als Letzter seiner Vorrundengruppe im Afrika-Cup im Januar 2022 aus. Entsprechend ernüchtert gingen die Ghanaer ins entscheidende Playoff-Spiel zur Qualifikation zur Weltmeisterschaft. Gegen Nigeria blieb Ghana nur die Außenseiterrolle.

Immerhin mit neuem Hoffnungsträger auf der Bank. Otto Addo, Assistenztrainer von Borussia Dortmund, sprang interimsweise gegen Nigeria als Nachfolger des Serben Milovan Rajevac ein und schaffte das Wunder.

Nach einem 0:0 im Hinspiel reichte Ghana ein 1:1 im Rückspiel. Das entscheidende Tor für Ghana hatte Thomas Partey erzielt, der Ausgleichstreffer des Nigerianers William Troost-Ekong war für den Favoriten zu wenig. Aufgrund des erzielten Auswärtstors löste Addo mit Ghana das Ticket und sorgte für Begeisterung beim ghanaischen Volk und bei Staatspräsident Nana Akufo-Addo, der seinen Namensvetter anrief und euphorisch gratulierte. Kurios: Addo reichten zwei Remis aus zwei Spielen, um zum Volkshelden aufzusteigen. Der Trainer soll Ghana nun auch bei der Endrunde betreuen.

2010 knapp am Halbfinale vorbei

In der jüngeren Vergangenheit gehört Ghana zu den WM-Stammgästen. Nachdem die Teilnahme an einer Endrunde erstmals 2006 geglückt war, qualifizierten sich die Ghanaer auch 2010 und 2014. Für Katar folgt so die vierte Qualifikation der vergangenen fünf Weltmeisterschaften. Dabei fehlten 2010 nur Zentimeter und Ghana wäre als erste afrikanische Mannschaft in ein Halbfinale eingezogen. Doch die Hand von Uruguays Luis Suárez rettete auf der Linie, den folgenden Strafstoß verschoss Ghana und Uruguay zog später ins Semifinale ein.

Gut stehende Abwehr

In Katar gehört Ghana zu den großen Außenseitern, Mittelfeldspieler Thomas Partey führt eine Mannschaft an, die vergleichsweise wenig Durchschlagskraft in der Offensive besitzt, dafür aber defensiv gut steht. Aus den Bundesligen bekannt sind die Stürmer Christopher Antwi-Adjei sowie Kwasi Wriedt, die beide aber um ihre WM-Nominierung kämpfen müssen. Ob es für die Topgegner einer WM reicht, um die Gruppenphase zu überstehen, darf bezweifelt werden.

Ghana

Konföderation: CAF
Spitzname: The Black Stars (Die Schwarzen Sterne)
Titel: Afrikameister 1963, 1965, 1978, 1982
Bestes WM-Ergebnis: Viertelfinale 2010 (Aus gegen Uruguay)
Trainer: Otto Addo (seit 10. Februar 2022)
Aktuelle Topspieler: Daniel Amartey (Abwehr), Thomas Partey (Mittelfeld), Jordan Ayew (Sturm)
Rekordspieler: Asamoah Gyan (2003 bis 2019, 109 Einsätze)
Rekordtorschütze: Asamoah Gyan (2003 bis 2019, 51 Tore)

WM 2014: Ein 2:2 gegen den späteren Weltmeister Deutschland reichte nicht. Nach der Gruppenphase war für die sieglosen Schwarzen Sterne Schluss.

| Teams aus Afrika |

Die Erinnerung an 1990 lebt

In der vierten Minute der Nachspielzeit der Verlängerung wurde Karl Toko Ekambi zum Matchwinner. Im entscheidenden WM-Qualifikationsspiel in Algerien schoss der Stürmer das 2:1 und öffnete so das Tor nach Katar.

Kamerun ist nun zum achten Mal für eine WM-Endrunde qualifiziert und gehört wieder einmal zu den Außenseitern. Dabei ist vielen Fußball-Fans noch die Weltmeisterschaft von 1990 in Italien in bester Erinnerung. Damals schockten die Afrikaner den amtierenden Weltmeister Argentinien bereits mit einem 1:0-Sieg im Eröffnungsspiel. Nach einem weiteren Erfolg gegen Rumänien zogen die Kameruner als Gruppensieger mit leidenschaftlichem Fußball ins Achtelfinale ein und eroberten die Herzen der Fußball-Fans weltweit. Der 38 Jahre alte Roger Milla zog alle Augenzeugen in seinen Bann,

Riesenfreude bei der WM 2014: Der Kameruner Matip (22) erzielte den zwischenzeitlichen Ausgleich. Kamerun verlor im Gruppenspiel gegen Brasilien 1:4.

Kamerun

Konföderation: CAF
Spitzname: Lions Indomptables (Die unzähmbaren Löwen)
Titel: Afrikameister 1984, 1988, 2000, 2002, 2017
Bestes WM-Ergebnis: Viertelfinale 1990 (Aus gegen England)
Trainer: Rigobert Song (seit 1. März 2022)
Aktuelle Topspieler: André Onana (Torhüter), André Anguissa (Mittelfeld), Karl Toko Ekambi (Sturm)
Rekordspieler: Rigobert Song (1993 bis 2010, 137 Einsätze)
Rekordtorschütze: Samuel Eto'o (1997 bis 2014, 56 Tore)

sein tanzender Torjubel an der Eckfahne wurde weltberühmt. Auch Kolumbien mit seinem charismatischen Torhüter René Higuita hatte in der K.o.-Runde das Nachsehen. Erstmals stand eine Mannschaft vom afrikanischen Kontinent in einem WM-Viertelfinale, wo England dem Fußball-Märchen erst in der Verlängerung ein Ende bereitete. Obwohl Kamerun auch später über Weltstars wie Samuel Eto'o oder Rigobert Song verfügte, kamen die »Unzähmbaren Löwen« nie wieder über eine WM-Vorrunde hinaus.

Ausgeglichen und kampfstark

Zu dieser Endrunde fehlt Kamerun sogar ein internationaler Star, der die Mannschaft als Topspieler anführt. Hierzulande ist Eric-Maxim Choupo-Moting aus seiner Zeit beim Hamburger SV, Mainz 05, Schalke 04 und zuletzt Bayern München am bekanntesten. Ansonsten muss sich Nationaltrainer Rigobert Song auf eine ausgeglichene und kampfstarke Mannschaft verlassen, die von Kapitän und Mittelstürmer Vincent Aboubakar angeführt wird. Kurios: Erst im März 2022 löste Song seinen Vorgänger António da Conceição auf dem Trainerposten ab – auf Geheiß des kamerunischen Staatspräsidenten Paul Biya. Der 89 Jahre alte Machthaber hatte nach dem Halbfinal-Aus Kameruns beim Afrika-Cup im Februar 2022 um die WM-Qualifikation gefürchtet.

Bleibt zu hoffen, dass sich nicht noch die FIFA einschaltet, die im Februar 2022 Kenia und Simbabwe wegen »Einmischung der Regierung in die Aktivitäten des Fußballverbands« vorerst vom Spielbetrieb ausgeschlossen hat. ⚽

TEAMS AUS SÜDAMERIKA

CONMEBOL

Spanisch: Confederación Sudamericana de Fútbol
Portugiesisch: Confederação Sul-Americana de Futebol
Deutsch: Südamerikanische Fußball-Konföderation

Startplätze: 4 (+ 1 Relegationsplatz gegen den 5. der AFC-Qualifikation)
Qualifikation: 10 Teilnehmer

Die argentinische Nationalelf gewann 2021 gegen Brasilien die südamerikanische Kontinentalmeisterschaft Copa América.

| Teams aus Südamerika |

Auftrieb dank Copa-América-Sieg

Seit Jahren prägen sie das Spiel der argentinischen Nationalmannschaft: Lionel Messi (10) und Ángel Di María (11), hier mit Lo Celso (20) bei der Copa América 2019.

| Teams aus Südamerika |

Lionel Sebastián Scaloni ist seit 2018 Trainer der Argentinier. Der ehemalige Fußballprofi spielte die meiste Zeit seiner Karriere in Spaniens Primera División.

Dass Lionel Messi zu den größten Fußballern aller Zeiten gehört, bedarf keiner weiteren Beschreibung. Dennoch, mit seiner WM-Teilnahme in Katar rückt der nur 1,69 Meter große Fußball-Virtuose in eine weitere namhafte Riege des Weltfußballs vor.

Messi wird mit Argentinien im Dezember 2022 zum fünften Mal bei einer WM-Endrunde teilnehmen, nur vier Fußballer brachten es vor ihm auf ebenso viele Teilnahmen: Der Deutsche Lothar Matthäus, Italiens Torwart-Legende Gianluigi Buffon sowie die beiden Mexikaner Rafael Márquez und Antonio Carbajal. Während Matthäus und Buffon sich in ihrem Zeitraum zum Weltmeister krönen durften, wartet für Messi in Katar wohl die letzte Chance.

Dabei stehen die Chancen für die Himmelblauen gar nicht so schlecht, dass sie sich zum Ende des Turniers den dritten WM-Titel ihrer Geschichte holen können. Nach durchwachsenem Start in die WM-Qualifikation mit zwei Unentschieden gegen Paraguay und Chile in den ersten fünf Spieltagen, gelang schlussendlich die Qualifikation für die Endrunde vorzeitig. Ein torloses Remis gegen Brasilien am 14. Spieltag reichte, um rechnerisch einen der vier Top-Plätze der Südamerika-Qualifikation für sich zu beanspruchen.

Dabei zeigten sich die Argentinier äußerst diszipliniert, gewannen ihre Partien selten in einem Fußballfest, sondern holten in stoischer Ruhe im Selbstbewusstsein um ihre eigenen Stärken ihre Siege. Doch es dreht sich nicht alles um Messi, längst verfügt Argentinien über eine ausgewogene Truppe, deren Herzstück der sechsmalige Weltfußballer zwar nach wie vor ist, doch es sorgen auch andere Spieler für den Erfolg. Lautaro Martínez gehört dazu, der neben Messi mit seiner Treffsicherheit zu einem der Garanten des erfolgreichen argentinischen Weges nach Katar war. Oder Leandro Paredes und Ángel Di María, die wie Messi in der Saison 2021/222 für Paris Saint-Germain spielten.

Und es gibt noch weitere Spieler, die im Schatten des übermächtig wirkenden Messi längst zu wichtigen Säulen der argentinischen Nationalmannschaft herangereift sind. In der Offensive sind es Paulo Dybala, Rodrigo de Paul oder Ángel Correa, während die Abwehr noch immer vom erfahrenen Mittdreißiger Nicolás Otamendi zusammengehalten wird. Doch Obacht: Zwar drängen etliche Talente in die Mannschaft von Nationaltrainer Lionel Scaloni, doch die größten Stars haben wie Messi, Di María und Otamendi das 30. Lebensjahr längst überschritten.

Gewichtige Rolle bei Turnieren

Genau dieser Umstand kann Argentinien, das noch immer auf die starken Leistungen der Topstars angewiesen ist, zum Verhängnis werden. Denn Argentinien kann seiner Favoritenrolle nur gerecht werden, wenn alles optimal läuft. So, wie zuletzt bei der Copa América, die Argentinien 2021 erstmals seit 1993 wieder gewann und so die eigenen Fans zum Feiern brachte. Es gilt auch, den Schwung dieses Erfolgs mit nach Katar zu transportieren.

Als zweifacher Weltmeister gehört Argentinien zu den großen Fußballnationen. Dem ersten WM-Titel 1978 im eigenen Land folgte 1986 der zweite Erfolg. 1930 zur Premiere sowie 1990 und 2014 wurden die Südamerikaner zudem Vize-Weltmeister, scheiterten ein Mal an Uruguay und zwei Mal an Deutschland.

Argentinien

Konföderation: CONMEBOL
Spitzname: La Albiceleste (Die Weiß-Himmelblauen)
Titel: Weltmeister 1978, 1986, Südamerikameister (Copa América) 1921, 1925, 1927, 1929, 1937, 1941, 1945, 1946, 1947, 1955, 1957, 1959, 1991, 1993, 2021, Konfed-Cup-Sieger 1992
Bestes WM-Ergebnis: Weltmeister 1978, 1986
Trainer: Lionel Scaloni (seit 2. August 2018)
Aktuelle Topspieler: Lionel Messi, Ángel Di María, Paulo Dybala, Lautaro Martínez (alle Sturm)
Rekordspieler: Lionel Messi (seit 2005, 160 Spiele*)
Rekordtorschütze: Lionel Messi (seit 2005, 81 Tore*)

*zum Ende der WM-Qualifikation

Zudem schieden die Albiceleste bei insgesamt 17 WM-Teilnahmen nur drei Mal in der Vorrunde aus, zuletzt 2002. Somit spielen die Argentinier auch historisch betrachtet zumeist eine gewichtige Rolle bei WM-Endrunden. ⚽

| Teams aus Südamerika |

Im Konzert der Topfavoriten

Die Schmach des Debakels von Belo Horizonte haben die Brasilianer längst abgeschüttelt. Damals, am 8. Juli 2014, war der Traum einer ganzen Nation wie eine Seifenblase zerplatzt.

WM 2014 in Brasilien: Beim Singen der Nationalhymne, vor dem Halbfinale gegen Deutschland, ist die brasilianische Elf noch voller Zuversicht und Selbstvertrauen. Brasiliens Seleção ging in Belo Horizonte gegen Deutschland 1:7 unter.

Innerhalb der ersten 29 Spielminuten im Halbfinale der Heim-Weltmeisterschaft gegen Deutschland hatte die Seleção sage und schreibe fünf Tore kassiert. Die Deutschen spielten sich in einen Rausch und sorgten im ausverkauften Stadion für ein Tränenmeer der einheimischen Fans. Deutschland gewann am Ende mit 7:1 und wurde wenige Tage später Weltmeister.

Brasilien, das zuvor ohne Probleme durch die Vorrunde marschiert und im Achtelfinale auf das Glück im Elfmeterschießen gegen Chile angewiesen war, hatte mit diesem niederschmetternden Ergebnis unrühmliche Geschichte ge-

»Wie jeder Junge in Brasilien träumte ich davon, das Trikot der Nationalmannschaft zu tragen. Leider war das nicht mein Schicksal. Ich musste mich sieben Operationen am Knie unterziehen. Mit 27 Jahren war meine Karriere vorbei, und ich war immer noch ein junger Mann.«

Trainer Tite

schrieben. Nie zuvor hatte es in einem WM-Halbfinale ein derart deutliches Ergebnis gegeben, nie zuvor hatte ein Gastgeber eine Niederlage in dieser Höhe hinnehmen müssen. Die Brasilianer mussten 94 Jahre in ihrem eigenen Fußballgeschichtsbuch zurückblättern, um eine weitere Niederlage mit sechs Toren Differenz zu finden. 1920 hatte Uruguay einmal 6:0 gegen Brasilien gewonnen.

Treffsicherer Neymar

Acht Jahre später gehört Brasilien wieder zu den Topfavoriten auf den WM-Titel. Bereits nach zwölf Spieltagen der Südamerika-Qualifikation hatten die Brasilianer das WM-Ticket für Katar gelöst. Dabei schossen sie nicht nur die meisten Tore, auch ihre Abwehr stand im Gegensatz zu 2014 wieder sattelfest. Nachdem die Südamerikaner bei der WM 2018 bereits im Viertelfinale, nach einer Niederlage gegen Belgien, die Heimreise antreten mussten, sicherten sie sich ein Jahr später bei der Copa América bereits wieder einen internationalen und vor allem prestigeträchtigen Titel.

Seit seinem Amtsantritt im Sommer 2016 hat Nationaltrainer Tite also wieder eine Mannschaft aufgebaut, die hofft, in die Fußstapfen der letzten Weltmeisterauswahl von 2002 zu treten. Zur Verfügung steht dem Fußballcoach eine Mannschaft der weltweit besten Spieler. Im Scheinwerferlicht steht dabei vor allem Superstar Neymar, der sich auch in der Qualifikation als treffsicherster Brasilianer zeigte. Neymar ist mittlerweile 30 Jahre alt und somit allein vom Alter her in eine Führungsrolle hineingewachsen, die über seine spielerischen Fähigkeiten hinausgehen.

Alle für ein gemeinsames Ziel

Viele der Topspieler der Seleção befinden sich im besten Fußballalter in der zweiten Hälfte ihrer zwanziger Jahre. Ihre Erfahrung sammeln Stars wie Neymar, Marquinhos, Fabinho und Casemiro seit etlichen Spielzeiten bei europäischen Topvereinen wie Paris St. Germain, dem FC Liverpool oder Real Madrid, die nicht nur regelmäßig nationale Titel sammeln, sondern auch alljährlich um die Champions League mitspielen. Hinzu kommt Toptalent Vinícius Júnior, der zu Turnierbeginn erst 22 Jahre alt sein wird und dessen Marktwert mit kolportierten 100 Millionen Euro noch über dem von Neymar liegt.

Doch nicht immer bilden die besten Einzelspieler der Welt auch die beste Mannschaft. Zu oft schon sind die Brasilianer in der Vergangenheit über ihr eigenes Ego gestolpert – oder in Schönheit gestorben. Bei dieser Auswahl an talentierten Spielern, die in ihren Vereinen meist eine Hauptrolle spielen, liegt es vor allem an Trainer Tite, alle für ein gemeinsames Ziel einzuschwören. Auch, wenn es dann für den einzelnen heißt, für den Mannschaftserfolg zurückzustecken. An individueller Klasse, im technischen Umgang mit dem Ball, in der Kreativität im Spielaufbau und im schnellen Kombinationsfußball macht einer funktionierenden brasilianischen Nationalmannschaft keine andere Nation dieser Welt etwas vor. Große Hoffnungen, dass in Katar mehr als nur elf Einzelkönner auf

Brasilien

Konföderation: CONMEBOL
Spitzname: Seleção (Auswahl)
Titel: Weltmeister 1958, 1962, 1970, 1994, 2002, Südamerikameister (Copa América) 1919, 1922, 1949, 1989, 1997, 1999, 2004, 2007, 2019, Konfed-Cup-Sieger 1997, 2005, 2009, 2013
Bestes WM-Ergebnis: Weltmeister 1958, 1962, 1970, 1994, 2002
Trainer: Tite (seit 16. Juni 2016)
Aktuelle Topspieler: Marquinhos (Abwehr), Neymar, Vinícius Júnior (beide Sturm)
Rekordspieler: Cafu (1990 bis 2006, 142 Spiele)
Rekordtorschütze: Neymar (seit 2010, 71 Tore*)

*zum Ende der WM-Qualifikation

Adenor Leonardo Bachi, genannt Tite, ist seit 2016 Trainer der brasilianischen Nationalmannschaft.

dem Platz stehen, liegen auch auf Kapitän Thiago Silva. Zwischen all den jungen Talenten und gereiften Virtuosen ist der Innenverteidiger mit seinen 38 Jahren die Respektsperson der Brasilianer – auf und neben dem Platz. Bei seiner mutmaßlich letzten Weltmeisterschaft will der Routinier seinen ersten WM-Titel und auch sein persönliches Trauma der Heim-WM endgültig begraben.

Der Kapitän musste zusehen

Wegen einer Gelbsperre hatte Thiago Silva das damalige Halbfinale verpasst und die Abwehr war ohne ihren Kapitän auseinandergebrochen. Vielleicht wäre dem brasilianischen Fußball das schmerzhafteste Kapitel ihrer jüngeren Fußballgeschichte erspart geblieben, hätte Thiago Silva damals nicht von außen zusehen müssen.

| Teams aus Südamerika |

Erst zum vierten Mal dabei

Ecuador

Konföderation: CONMEBOL
Spitzname: La Tri, Los Tricolores (Die Dreifarbigen)
Titel: keine
Bestes WM-Ergebnis: Achtelfinale 2006 (Aus gegen England)
Trainer: Gustavo Alfaro (seit 26. August 2020)
Aktuelle Topspieler: Piero Hincapié, Pervis Estupiñán (beide Abwehr), Enner Valencia (Sturm)
Rekordspieler: Iván Hurtado (1992 bis 2014, 168 Einsätze)
Rekordtorschütze: Enner Valencia (seit 2012, 35 Tore*)

*zum Ende der WM-Qualifikation

Ecuadors junge Mannschaft freut sich am 2. Februar 2022 über das 1:1 gegen Peru. Die Qualifikation war fast geschafft.

Eine 1:3-Niederlage in Paraguay reichte, um zum vierten Mal in der Verbandsgeschichte ein WM-Ticket zu lösen. Die entscheidenden Punkte für die Qualifikation zur Endrunde hatten die Ecuadorianer bereits vorher gesammelt, darunter berauschende Siege, wie das 6:1 gegen Kolumbien oder das 4:2 gegen Uruguay.

Im Kalenderjahr 2022 blieb Ecuador in den restlichen vier Spielen der Qualifikation hingegen sieglos. Und so gehören die von Gustavo Alfaro trainierten Südamerikaner auch in Katar zu den großen Außenseitern, für die das Überstehen der Vorrunde ein toller Erfolg wäre. Wie bei der Weltmeisterschaft 2006. Nachdem vier Jahre zuvor bei der erstmaligen Teilnahme an einer WM-Endrunde in Japan und Südkorea das Aus in der Vorrunde kam, erreichten die Ecuadorianer in Deutschland nach Siegen gegen Polen und Costa Rica das Achtelfinale. Hier beendete aber England-Star David Beckham alle weiteren Träume. Star der aktuellen Auswahl ist Kapitän Enner Valencia, der im Verlauf der Qualifikationsphase Agustín Delgado als historischen Rekordschützen der Nationalmannschaft Ecuadors abgelöst hat. Neben Valencia hatte sich auch sein Sturmkollege Michael Estrada mit fünf Toren im Rahmen der Südamerika-Qualifikation als Erfolgsgarant erwiesen.

Junge Wilde machen Hoffnung

Ecuador verfügt über eine der jüngsten Nationalmannschaften, die sich für die Endrunde qualifiziert haben. Zwar sind Valencia und Torwart Hernán Galíndez schon weit über dem dreißigsten Lebensjahr, doch der Kern der Elf mit Spielern wie Pervis Estupiñán, Félix Torres, Byron Castillo oder Joao Rojas ist erst Mitte zwanzig, ebenso wie Carlos Gruezo vom FC Augsburg. Hinzu kommen noch die jungen Wilden: Der 20 Jahre alte Innenverteidiger Piero Hincapié steht bei Bayer Leverkusen unter Vertrag und verfügt über den höchsten Marktwert des Kaders. Gonzalo Plata ist zu Turnierbeginn 22 Jahre alt und hatte sich mit drei Toren in der Qualifikation in den Fokus gespielt. ⚽

| Teams aus Südamerika |

Die neue Generation steht bereit

Luis Suárez ließ sich feiern. Im WM-Viertelfinale von 2010 gegen Ghana bewahrte der Stürmer kurz vor dem Ende der Verlängerung seine Mannschaft mit der Hand auf der Linie vor dem Ausscheiden.

Ghana verschoss den Strafstoß, Uruguay gewann das Elfmeterschießen und Suárez war es ziemlich egal, dass er für das folgende Halbfinale gegen die Niederlande gesperrt war. Am 2. Dezember erhalten die Ghanaer im abschließenden Vorrundenspiel gegen Uruguay die verspätete Chance zur Revanche – und Suárez ist noch immer dabei. Trainer Diego Alonso bietet sich bei der Weltmeisterschaft in Katar die interessante Herausforderung, alt und jung in der Nationalmannschaft Uruguays zusammenzuführen. Getragen wird das Team noch immer von seinen alten Stars. Suárez und Sturmkollege Edison Cavani sind beide schon 35 Jahre alt und nicht die einzigen Routiniers.

25. März 2022: Mit dem 1:0 Erfolg über Peru qualifizierte sich Uruguay für die Katar-WM. Luis Suárez trägt einen Teil des Tornetzes als Trophäe um den Hals.

Uruguay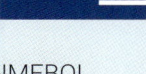

Konföderation: CONMEBOL
Spitzname: La Celeste (Die Himmelblauen)
Titel: Weltmeister 1930 und 1950, Südamerikameister 1916, 1917, 1920, 1923, 1924, 1926, 1935, 1942, 1956, zweite Austragung 1959, 1967, 1983, 1987, 1995, 2011
Bestes WM-Ergebnis: Weltmeister 1930 und 1950
Trainer: Diego Alonso (seit 14. Dezember 2021)
Aktuelle Topspieler: Ronald Araújo (Abwehr), Federico Valverde (Mittelfeld), Luis Suárez (Sturm)
Rekordspieler: Diego Godin (seit 2005, 157 Einsätze*)
Rekordtorschütze: Luis Suárez (seit 2007, 68 Tore*)

*zum Ende der WM-Qualifikation

Topleistungen der Altstars nötig

In der Abwehr stehen weiterhin Rekordnationalspieler Diego Godin und Außenverteidiger Martín Cáceres ihren Mann, beide sind ebenfalls bereits Mitte 30. Torwart Fernando Muslera kämpft bereits um seinen Stammplatz. Doch es lauern auch schon junge Talente hinter den arrivierten Stars, die bereit sind bereits in Katar tragende Rollen zu übernehmen.

In der Verteidigung ist das Ronald Araújo, der ab 2020 beim FC Barcelona unter Vertrag stand, während im Sturm junge Spieler wie Darwin Núñez oder Diego Rossi nachrücken. Im Mittelfeld hat es den Umbau auf die nächste Generation bereits gegeben. Hier führt Federico Valverde die Celeste an und wird von jungen Spielern wie Rodrigo Bentancur und Nicolás de la Cruz unterstützt. Rufen die verdienten Stars noch einmal Topniveau ab und laufen die nachrückenden Spieler zu Hochform auf, dann gehört Uruguay zu den Überraschungskandidaten der WM 2022. Klappt das aber nicht, kann das letzte WM-Spiel eines Cavani, Godin oder Suárez auch schneller gespielt sein, als es die meisten Fußball-Experten erwarten. ⚽

TEAMS AUS NORDAMERIKA

CONCACAF

Englisch: Confederation of North, Central America and Caribbean Association Football
Spanisch: Confederación de Fútbol de la Asociación del Norte, Centroamérica y el Caribe
Deutsch: Nord- und Zentralamerikanische und Karibische Fußballkonföderation

Startplätze: 3
+ 1 Relegationsplatz gegen den Sieger OFC (Ozeanien)
Qualifikation: 35 Teilnehmer

Die US-amerikanische Nationalelf gewann die Kontinentalmeisterschaft, den Gold-Cup 2021, mit 1:0 gegen Mexiko. In der Qualifikation zur WM wurden die USA nur Dritte.

| Teams aus Nordamerika |

Warten auf den Durchbruch

American Football, Baseball, Basketball, Eishockey. Der Fußball hat es in den USA nicht leicht und doch freut sich die Profiliga MLS (Major League Soccer) auch in den Vereinigten Staaten einer wachsenden Beliebtheit.

WM-Qualifikation am 5. September 2021: USA-Stürmer Brenden Aaronson (2. von rechts) schoss das Tor zum 1:0 gegen Kanada. Links der ehemalige Dortmunder Christian Pulisic (10). Das Spiel endete 1:1.

Zudem verfügt die USA über eine ambitionierte Nationalmannschaft, die aus dem Verband des CONCACAF neben Mexiko zu den konstanten Teilnehmern an Fußball-Weltmeisterschafts-Endrunden gehört.

Es war ein Hattrick des früheren Dortmunders Christian Pulisic gegen Panama, der den Weg nach Katar am vorletzten Spieltag der Qualifikation Nord- und Zentralamerikas und der Karibik ebnete. Beim 5:1 gegen die Panamaer brachte der nach Marktwert wertvollste Amerikaner seine Mannschaft mit dem Treffer zum 1:0 auf die Siegerstraße, das vierte und fünfte Tor legte er später nach. Dennoch waren die Vereinigten Staaten rechnerisch noch nicht durch, eine 0:2-Niederlage am letzten Spieltag gegen Verfolger Costa Rica reichte aber, um sich hinter Kanada und Mexiko für die Endrunde zu qualifizieren. Vier weitere Treffer hatten den Costa Ricanern gefehlt, um sich noch vor die USA zu schieben.

Hinter den Spitzen

Kapitän Pulisic führt eine Mannschaft an, die vor allem in der Offensive ihre Vorteile hat. Neben dem zur WM 24-Jährigen glänzen im Angriffsspiel einige Spieler, die vor allem aus der Bundesliga bekannt sind. Mittelstürmer Ricardo Pepi vom FC Augsburg gehört ebenso dazu, wie Giovanni Reyna, der bei Borussia Dortmund spielt. Tyler Adams, bekannt von RB Leipzig, ist zwar im defensiven Mittelfeld zuhause, ist aber als

| Teams aus Nordamerika |

»Wir wissen, dass wir uns verbessern müssen. Wir wissen, dass wir besser werden müssen.«
Gregg Berhalter

USA-Trainer Gregg Berhalter war in mehreren ersten und zweiten Profi-Ligen in Europa als Spieler aktiv, darunter auch in Deutschland.

USA

Konföderation: CONCACAF
Spitzname: The Red, White & Blue (Die Rot-Weiß-Blauen)
Titel: Gold Cup 1991, 2002, 2005, 2007, 2013, 2017
Bestes WM-Ergebnis: Halbfinale 1930 (Aus gegen Argentinien)
Trainer: Gregg Berhalter (seit 2. Dezember 2018)
Aktuelle Topspieler: Tyler Adams, Giovanni Reyna (beide Mittelfeld), Christian Pulisic (Sturm)
Rekordspieler: Cobi Jones (1992 bis 2004, 164 Einsätze*)
Rekordtorschütze: Landon Donovan (2000 bis 2014) und Clint Dempsey (2004 bis 2017, jeweils 57 Tore)

Aufbauspieler auch für die Spielgestaltung wichtig. In der Abwehr macht sich zudem Außenverteidiger George Bello Hoffnungen, der auch schon Erfahrung in Deutschland bei Arminia Bielefeld sammelte. In der Defensive steht das Team von Trainer Gregg Berhalter hingegen alles andere als sicher und ist insbesondere gegen stärkere Gegner anfällig. Der Star des Teams ist aber Pulisic, der 2019 von Dortmund zum FC Chelsea wechselte und vor allem in der Nationalmannschaft Alleinstellungsmerkmal besitzt. Pulisic, der in Hershey, Pennsylvania, geboren wurde, besitzt auch die kroatische Staatsbürgerschaft und kommt meist als Flügelspieler oder hinter den Spitzen zum Einsatz, wo er seine Torgefährlichkeit regelmäßig ausspielen kann.

WM-Dritter – größter Erfolg

In WM-Gruppe B machen sich die US-Amerikaner Hoffnungen, die Vorrunde zu überstehen. Hinter Gruppenfavorit England scheint alles möglich. Interessanterweise kommt es am 29. November im letzten Spiel der Vorrunde zum erneuten Aufeinandertreffen mit dem Iran. Schon 1998 spielten die politischen Konfliktnationen in einer WM-Gruppenphase gegeneinander, damals mit dem besseren Ende für die Iraner. Die Spiele in Katar bedeuten für die USA aber auch die Rückkehr auf die große Bühne des Weltfußballs. Zwischen 1990 und 2014 waren die Amerikaner bei insgesamt sieben aufeinander folgenden Weltmeisterschafts-Endrunden dabei und zogen dabei viermal in die K.o.-Phase ein. 2002 in Japan und Südkorea waren die US-Amerikaner zum ersten Mal in einem Viertelfinale dabei, wo die deutsche Nationalmannschaft sich als Endstation für die von Bruce Arena trainierten Staaten erwies. 1930 erreichten die Amerikaner sogar das Halbfinale und wurden am Ende Turnier-Dritter. Doch zur zurückliegenden WM in Russland riss die Serie überraschend. Hinter Mexiko, Costa Rica, Panama und Honduras hatten die USA das Nachsehen in der Qualifikation. Diesmal waren die Gegner in der Konföderation CONCACAF aber keine Stolpersteine. ⚽

| Teams aus Nordamerika |

Neue Zeitrechnung in Kanada

Der Champagner lief über seine Glatze. Atiba Hutchinson musste ein Interview kurz nach dem 4:0-Triumph über Jamaika abbrechen, als sich die Freude der Teamkollegen im Übergießen des schmackhaften Nass auf dem Schädel ihres Kapitäns Bahn brach.

Kanada, das zweitgrößte Land der Erde und Eishockey-Großmacht, qualifizierte sich mit diesem Heimsieg vorzeitig und erst zum zweiten Mal in seiner Verbandsgeschichte überhaupt für eine WM-Endrunde. Hutchinson führt mit seiner Erfahrung aus 39 Lebensjahren eine neue und hoffnungsvolle Generation des kanadischen Fußballs an.

Dessen Aushängeschild ist Alphonso Davies vom FC Bayern München. Wenngleich der Linksverteidiger gegen Jamaika aufgrund von Herzproblemen nicht mitwirkte, verfolgte er den historischen Moment aus der Ferne und gab in seinem Stream unter Freudentränen an, dass »sein Traum wahr geworden« sei. Davies gehört wie Milan Borjan, Tajon Buchanan, Jonathan David, Stephen Eustaquio, Atiba Hutchinson oder Cyle Larin zu einer Reihe an Spielern, die mittlerweile ihren Lebensunterhalt bei europäischen Vereinen verdienen und die aufgrund ihrer Abstammung sinnbildlich über die Einwanderungspolitik Kanadas stehen.

Hallenfußball statt Profiliga

Davies stammt aus Liberia, im Kader finden sich aber auch Teamkollegen, die ursprünglich aus England, Haiti, Kolumbien, Portugal oder Serbien stammen. Das war bei der WM-Premiere 1986 in Mexiko, als Kanada ohne eigenen Torerfolg sang- und klanglos ausschied, noch anders. Viele Kanadier spielten in Ermangelung einer eigenen Profiliga damals lediglich Hallenfußball. Zwar befinden sich die Kanadier auch in Katar in der Außenseiterrolle, doch scheint die Qualifikation für diese WM der Anfang einer neuen Zeitrechnung zu sein, in der Kanada zukünftig eine andere Präsenz im Weltfußball haben sollte. Mindestens mit dem ersten WM-Tor Kanadas sollte es in Katar klappen, erzielte die Mannschaft des englischen Trainers John Herdman in 18 Qualifikationsspielen doch 50 Tore und stellte die stärkste Offensive der CONCACAF-Qualifikation. Alleine 22 Tore gingen dabei auf das Konto des Sturmduos aus Cyle Larin und Jonathan David. ⚽

Kanada 🇨🇦

Konföderation: CONCACAF
Spitzname: The Canucks (umgangssprachlich für Kanadier)
Titel: Gold Cup 1985, 2000
Bestes WM-Ergebnis: Vorrunde 1986 (Aus gegen Frankreich, Sowjetunion und Ungarn)
Trainer: John Herdman (seit 1. August 2018)
Aktuelle Topspieler: Alphonso Davies (Abwehr), Cyle Larin, Jonathan David (beide Sturm)
Rekordspieler: Atiba Hutchinson (seit 2003, 94 Einsätze*)
Rekordtorschütze: Cyle Larin (seit 2014, 24 Tore*)

*zum Ende der WM-Qualifikation

Die Kandier wurden Sieger in der CONCACAF-Qualifikation. Sie ließen Mexiko und die USA hinter sich. Hier vor dem Spiel gegen EL Salvador im Februar 2022.

| Teams aus Nordamerika |

Erstaunlich konstant

Es war ein schmuckloses 2:0 gegen El Salvador. Der Jubel der mexikanischen Fans und ihrer Nationalmannschaft im Aztekenstadion von Mexiko-Stadt war dennoch groß.

Nach Toren von Uriel Antuna und Raúl Jiménez qualifizierte sich Mexiko zum achten Mal in Folge für eine WM-Endrunde. Dort weist die El Tri eine bemerkenswerte Konstanz auf. Bei sämtlichen sieben Teilnahmen dieser Serie schied Mexiko im Achtelfinale aus.

Nur zweimal in ihrer WM-Geschichte erreichte Mexiko ein Viertelfinale – 1970 und 1986. Beide Weltmeisterschaften

WM 2018 in Russland: Der Außenseiter war für den amtierenden Weltmeister Deutschland zu stark. Clevere Mexikaner (in grünen Trikots) gewannen 1:0.

Mexiko

Konföderation: CONCACAF
Spitzname: El Tri (Die Drei)
Titel: Gold Cup 1965, 1971, 1977, 1993, 1996, 1998, 2003, 2009, 2011, 2015, 2019, Confed-Cup 1999
Bestes WM-Ergebnis: Viertelfinale 1970 (Aus gegen Italien) und 1986 (Aus gegen Deutschland)
Trainer: Tata Martino (seit 7. Januar 2019)
Aktuelle Topspieler: Edson Álvarez, Carlos Rodríguez (beide Mittelfeld), Raúl Jiménez (Sturm)
Rekordspieler: Claudio Suárez (1992 bis 2006, 177 Einsätze*)
Rekordtorschütze: Chicharito (2009 bis 2019, 52 Tore)

* Suárez hat insgesamt 178 Länderspiele, ein Spiel wird von der FIFA jedoch nicht offiziell anerkannt

fanden im eigenen Land statt. Und so haben die Mexikaner auch einige Negativ-Rekorde der Weltmeisterschaftshistorie für sich vereinnahmt, wenngleich viele andere Nationen mit den bisherigen 16 Endrunden-Teilnahmen der Mexikaner sofort tauschen würden. Von bisher 57 WM-Spielen verlor Mexiko 27 und gewann nur ein einziges K.o.-Spiel, 1986 mit 2:0 gegen Bulgarien. Neun Niederlagen hintereinander bei den Weltmeisterschaften von 1930 bis 1958 sind ebenfalls Rekord, zudem schied keine Nation häufiger in einem Achtelfinale aus. Dafür nahm der zweimalige WM-Gastgeber auch schon an fünf Eröffnungsspielen teil, ebenfalls Höchstwert. Zudem stellt Mexiko mit Rafael Márquez und Antonio Carbajal als einziger Verband zwei Spieler, die an fünf Endrunden teilgenommen haben. Jedoch kassierte kein Torhüter mehr WM-Gegentreffer als Carbajal mit seinen 25.

Den Achtelfinal-Fluch besiegen

In Katar hofft Trainer Tata Martino also auf den Einzug ins Viertelfinale. Dafür steht dem Argentinier eine ausgeglichene Mannschaft zur Verfügung, die diszipliniert verteidigt und schnörkellos angreift. Im Tor steht Routinier und Kapitän Guillermo Ochoa, der vor der Teilnahme an seiner fünften WM steht und so zu Márquez und Carbajal aufschließen kann. Im defensiven Mittelfeld zieht Edson Álvarez die Fäden, der trotz seiner erst 25 Jahre bereits auf über 50 Länderspiele zurückblickt. Im Sturm bringen Hirving Lozano und Raúl Jiménez ihre Länderspielerfahrung und Torgefahr ein. Mehr als ein erneutes Erreichen des Achtelfinales wäre dennoch eine Überraschung. ⚽

TEAMS AUS ASIEN

AFC + AUSTRALIEN

Englisch:	Asian Football Confederation
Deutsch:	Asiatische Fußballkonföderation
Startplätze:	4 + 1 Relegationsplatz gegen den 5. CONMEBOL + WM-Gastgeber Katar
Qualifikation:	45 Teilnehmer

Große Freude beim Team vom Gastgeber der Fußball-WM 2022. Der viermalige Sieger des Asia Cups Japan unterlag im Endspiel 2019 gegen Katar 1:3. Katars Stürmer Almoez Ali (19) bejubelt mit der Mannschaft sein Tor zum 1:0.

| Teams aus Asien |

WM-Debüt als Gastgeber

Der Jubel auf den Straßen Katars kannte keine Grenzen. Tausende Fans feierten den Sieg ihrer Nationalmannschaft bei der Asienmeisterschaft 2019. Pünktlich zur WM im eigenen Land sind die Kataris fußballerisch auf dem Höhepunkt ihrer nun gut 50-jährigen Verbandsgeschichte.

Dabei ist der Erfolg kein Zufall. Seit 2004 werden in der Sport-Akademie Aspire in Ar-Rayyan Sporttalente ausgebildet. Allein für die Fußballer stehen zwölf Spielfelder zur Verfügung. Internationale Top-Vereine wie der FC Bayern München wissen die Bedingungen zu schätzen und nutzen die zu den modernsten Trainingsstätten weltweit gehörenden Möglichkeiten trotz starker Kritik der eigenen Fans regelmäßig für ihre Trainingslager. Seine Spieler rekrutiert Nationaltrainer Félix Sánchez zu einem großen Teil aus Nordafrika. Etliche Spieler stammen aus dem Sudan oder Algerien, sind aber in Katar geboren, was laut FIFA-Regularien als eines der Kriterien ausreicht, um für einen Verband spielberechtigt zu sein.

Bei Almoez Ali reicht sogar, dass die Mutter in Katar geboren ist. Der Shooting-Star der Nationalmannschaft Katars hatte mit insgesamt neun Turniertoren großen Anteil am Gewinn der Asienspiele 2019. Der damals 22-Jährige wurde Torschützenkönig, überbot dabei den Torrekord des Iraners Ali Daei von 1996 und wurde zum Spieler des Turniers gewählt. Neben dem Stürmer, der auf dem Weg zu Katars Rekordtorschützen ist, gilt Sturmkollege Akram Afif, der mit einem taxierten Marktwert von 4 Millionen Euro der wertvollste Spieler seines Landes ist, zu den Hoffnungsträgern eines erfolgreichen katarischen WM-Debüts. Zur akribischen Turniervorbereitung nahm Katar

| Teams aus Asien |

Seit Juli 2017 ist der Spanier Félix Sánchez Trainer der Fußballnationalmannschaft von Katar. Davor trainierte er die katarische U-23.

Almoez Ali (19) wurde mit neun Treffern Torschützenkönig der Asienspiele 2019.

Katar

Konföderation: AFC
Spitzname: Al-Anabbi (Die Weinroten)
Titel: Asienmeister 2019
Bestes WM-Ergebnis: noch ohne Teilnahme
Trainer: Félix Sánchez (seit 3. Juli 2017)
Aktuelle Topspieler: Akram Afif, Almoez Ali, Hassan Al-Haydos (alle Sturm)
Rekordspieler: Hassan Al-Haydos (seit 2008, 158 Spiele*)
Rekordtorschütze: Mubarak Mustafa (1992 bis 2004, 41 Tore)

*zum Ende der WM-Qualifikation

an Meisterschaften anderer Kontinentalverbände teil. Während es 2019 beim Aus in der Vorrunde der Südamerikameisterschaft beim 2:2 gegen Paraguay lediglich einen Achtungserfolg gab, erreichte Katar 2021 beim Gold Cup der nord- und zentralamerikanischen Staaten das Halbfinale, wo sich erst der spätere Sieger USA beim 0:1 als zu stark erwies. Trotz der jüngsten Ergebnisse kommt Katar über eine WM-Außenseiterrolle allerdings nicht hinaus.

| Teams aus Asien |

Der Star ist der Trainer

Dreimal Miroslav Klose, dazu Michael Ballack, Carsten Jancker, Thomas Linke, Oliver Bierhoff und schließlich Bernd Schneider. Das 0:8 Saudi-Arabiens in ihrem ersten WM-Spiel 2002 gegen Deutschland stellt den Tiefpunkt aller Erinnerungen der Saudis an WM-Endrunden dar.

Dabei wusste der notorische Außenseiter immer wieder zu überraschen. Schon 1994 bei der allerersten WM-Teilnahme des saudi-arabischen Verbandes erreichte das Team nach Siegen über Marokko und Belgien das Achtelfinale und schrammte nur aufgrund eines Torwartfehlers gegen die Niederlande am Gruppensieg vorbei. Zwar scheiterten die Saudis bei allen weiteren vier Teilnahmen jeweils in der Vorrunde, doch immer wieder gelangen einzelne Höhepunkte. Zuletzt 2018 in Russland, als die Saudis Ägypten besiegten.

Natürlich ist Saudi-Arabien, der Prestige-Gegner von Gastgeber Katar, auch in der Wüste nur ein Außenseiter. Zudem sind die Gegner – Argentinien, Mexiko und Polen – in der Vorrunde entsprechend stark. Doch Saudi-Arabien wird schon fast traditionell unterschätzt und kann von den klimatischen Bedingungen vor Ort profitieren. Zumal die Grünen Falken in der Qualifikation nur eine einzige Niederlage – in Japan – hinnehmen mussten und sich als Gruppensieger der zweiten und dritten Qualifikationsrunde souverän für die WM qualifizierten.

Spieler aus der eigenen Liga

Trainer der international namenlosen Mannschaft ist der Franzose Hervé Renard, der sich als Nationalcoach etlicher kleinerer Fußball-Nationen bereits einen Namen gemacht hat. Mit Sambia gewann der zur WM 54-Jährige 2012 den Afrika-Cup. Drei Jahre später holte er die gleiche Trophäe mit der Elfenbeinküste, wodurch er der erste Trainer wurde, der die Afrikameisterschaft mit zwei verschiedenen Nationen gewann. Zuletzt trainierte Renard von 2016 bis 2019 Marokko und nahm mit den Nordafrikanern an der WM in Russland teil. Der Großteil der saudi-arabischen Nationalspieler spielt in der landeseigenen Professional League. Die Stärke liegt vor allem in der Blockbildung, da die Mannschaft zumeist aus Spielern von Al-Hilal, Al-Ittihad, Al-Nassr FC und Al-Shabab zusammengestellt ist.

Im Eröffnungsspiel der WM 2018 in Russland unterlagen die Saudis in Moskau gegen den Gastgeber 0:5.

Saudi-Arabien

Konföderation: AFC
Spitzname: Suqūr Al-ḫaḍrā (Grüne Falken)
Titel: Asienmeister 1984, 1988, 1996
Bestes WM-Ergebnis: Achtelfinale 1994 (Aus gegen Schweden)
Trainer: Hervé Renard (seit 29. Juli 2019)
Aktuelle Topspieler: Yasser Al-Shahrani (Abwehr), Abdulrahman Ghareeb, Salem Al-Dawsari (beide Sturm)
Rekordspieler: Mohammad ad-Da'ayya' (1990 bis 2006, 178 Einsätze)
Rekordtorschütze: Madschid Mohammed Abdullah (1978 bis 1994, 72 Tore)

| Teams aus Asien |

Aus dem Land der aufgehenden Sonne

Der eingewechselte Kaoru Mitoma sorgte für die Erlösung. Mit einem Doppelpack in den Schlussminuten beim direkten Verfolger Australien entsendete der Linksaußen die Nationalmannschaft Japans zur Weltmeisterschaft 2022.

Der Liverpooler Takumi Minamino (Dritter von links) ist der Star der Japaner.

Der australische Gastgeber wurde gleichzeitig in die Relegation geschickt. Die Japaner hatten die erste Qualifikationsrunde mit acht Siegen aus acht Spielen souverän gemeistert, waren aber durchwachsen in die zweite Runde gestartet. Gegen den Oman und in Saudi-Arabien schlich die Mannschaft von Trainer Hajime Moriyasu mit 0:1 jeweils als Verlierer vom Platz. Erst ein Endspurt in den letzten Spielen auf dem Weg nach Katar sicherte die siebte WM-Teilnahme der Japaner in Folge.

Das ist umso bemerkenswerter, als dass die Asiaten vor 1998 noch nie den Sprung zu einer WM-Endrunde geschafft hatten. Längst aber sind die Insulaner als fester Vertreter des asiatischen Kontinents etabliert, auch, wenn das jeweilige Aus in den Turnieren abwechselnd in der Vorrunde oder spätestens im Achtelfinale passierte. Dem Gesetz der Serie folgend wäre in Katar der Wettbewerb für Japan entsprechend bereits nach der Gruppenphase beendet. Verhindern wollen das eine Reihe von Spielern, die in Deutschland bekannt sind und hier ihr Geld verdienen.

Waturu Endo vom VfB Stuttgart, Genki Haraguchi von Union Berlin und Takuma Asano vom VfL Bochum vertreten das Land des Lächelns in der Bundesliga – hinzu kommen Spieler wie der Schalker Ko Itakura oder Düsseldorfs Ao Tanaka, die in der Saison 2021/2022 in der 2. Bundesliga aktiv waren. Star der Mannschaft ist aber Takumi Minamino vom FC Liverpool. Wenngleich der quirlige Offensivakteur unter Vereinstrainer Jürgen Klopp eher selten zum Zug kommt, ist der Linksaußen im Angriffsspiel der Japaner der Aktivposten. Gegen Australien traf er zweimal die Latte, ehe Teamkollege Mitoma seinen Doppelpack schnürte. Wie viele Nationalmannschaften vom asiatischen Kontinent sind auch die Japaner technisch begabt und verfügen über eine positive Mentalität. Körperlich hingegen haben auch die Japaner ihre Schwächen. ⚽

Japan

Konföderation: AFC
Spitzname: Samurai Blue (Blaue Samurai)
Titel: Asienmeister 1992, 2000, 2004, 2011, Ostasienmeister 2013
Bestes WM-Ergebnis: Achtelfinale 2002 (Aus gegen die Türkei), 2010 (Aus gegen Paraguay), 2018 (Aus gegen Belgien)
Trainer: Hajime Moriyasu (seit 1. August 2018)
Aktuelle Topspieler: Maya Yoshida (Abwehr), Takumi Minamino, Takefusa Kubo (beide Angriff)
Rekordspieler: Yasuhito Endō (2002 bis 2015, 152 Spiele)
Rekordtorschütze: Kunishige Kamamoto (1964 bis 1977, 75 Tore)

| Teams aus Asien |

WM-Dauergast aus Asien

WM 2018 in Russland: Südkorea gewann 2:0 gegen Deutschland. Zum ersten Mal scheiterte eine deutsche Mannschaft bei einer WM in der Vorrunde.

Südkorea

Konföderation: AFC
Spitzname: Taegeuk Warriors (Taegeuk Krieger)
Titel: Asienmeister 1956 und 1960, Ostasienmeister 2003, 2008, 2015, 2017, 2019
Bestes WM-Ergebnis: Vierter 2002 (Aus gegen Deutschland)
Trainer: Paulo Bento (seit 17. August 2018)
Aktuelle Topspieler: Heung-Min Son, Hee-Chan Hwang (beide Sturm), Min-Jae Kim (Abwehr)
Rekordspieler: Myung-Bo Hong (1990 bis 2002, 136 Spiele)
Rekordtorschütze: Bum-Kun Cha (1972 bis 1986, 54 Tore)*

*Sechs Spiele und vier Tore werden von der FIFA nicht anerkannt

Michael Ballack weinte bittere Tränen. Bei der Weltmeisterschaft 2002 hatte der Kapitän nicht nur das 1:0-Siegtor im Halbfinale geschossen, der damalige Star der deutschen Mannschaft hatte sich auch zu einem taktischen Foul hinreißen lassen.

Er kassierte seine zweite Gelbe Karte im Turnierverlauf und war für das Finale gegen Brasilien gesperrt. Gegner in diesem Semifinale war Südkorea, das bei der WM im eigenen Land als erstes asiatisches Team die Vorschlussrunde erreicht und somit trotz der Niederlage Fußball-Geschichte geschrieben hatte.

20 Jahre später gehört Südkorea noch immer zu den besten Fußball-Nationen des asiatischen Kontinents. Schon drei Spieltage vor dem Ende der Qualifikation für Katar hatten die Koreaner das WM-Ticket gelöst und damit sichergestellt, dass ihre Serie anhält: Seit 1986 war Südkorea bei jeder WM-Endrunde dabei. Zuletzt, beim Turnier 2018 in Russland, brannten sich die Ostasiaten abermals ins Gedächtnis der deutschen Fußballfans ein. Im abschließenden Gruppenspiel benötigten die Deutschen unbedingt einen Sieg, um nicht erstmals in ihrer WM-Historie in der Vorrunde zu scheitern. Doch Südkorea hatte etwas dagegen – nach Toren von Young-Gwon Kim und Heung-Min Son verlor Deutschland mit 0:2 und musste gemeinsam mit den Koreanern die Heimreise antreten.

Technisch stark – Robustheit fehlt

Kim und Son sind noch immer Teil der südkoreanischen Auswahl, die trotz ihrer einprägsamen Auftritte auf der Weltbühne seit 1960 auf den dritten Titel als Asienmeister warten muss. Mannschaftskapitän Son, der in der Bundesliga schon für den Hamburger SV und Bayer Leverkusen gespielt hat, ist der große Star der koreanischen Auswahl und auch Führungsspieler bei Tottenham Hotspur in der Premier League, wo er seinen Vertrag zuletzt im Sommer 2021 bis 2025 verlängerte.

Trainiert wird Südkorea seit 2018 vom Portugiesen Paulo Bento, der seine Mannschaft gerne offensiv ausgerichtet auf den Platz schickt. Neben einer unbändigen Mentalität haben die Südkoreaner ihre Stärken im technischen Umgang mit dem Ball. Dafür fehlt es ihnen an körperlicher Robustheit.

| Teams aus Asien |

Sehnsucht nach der K.o.-Runde

Ein Foto ging um die Welt. Am 21. Juni 1998 traf der Iran in der Vorrunde der Weltmeisterschaft in Frankreich auf die USA. Das Verhältnis beider Nationen war von politischen Spannungen geprägt und die Partie galt im Vorfeld der Endrunde als heikel.

Doch einmal mehr bewies der Sport, welch zusammenführende und einende Kräfte er hat. Für ein gemeinsames Mannschaftsfoto vor dem Anpfiff durchmischten sich beide Teams und demonstrierten so, dass es in den anstehenden 90 Minuten nur um Fußball und nicht um Politik gehen sollte. Der Iran gewann das Spiel mit 2:1 und feierte seinen ersten WM-Sieg überhaupt. In Katar nimmt der Iran zum sechsten Mal insgesamt und zum dritten Mal in Folge an einer WM-Endrunde teil. Obwohl das »Team Melli« insbesondere 2018 ansprechende Leistungen zeigte, blieb der Mannschaft aus dem Nahen Osten bislang ein Sprung in die K.o.-Phase einer Weltmeisterschaft versagt. In Russland waren die Iraner denkbar knapp dran. Nach einem 1:0-Auftaktsieg gegen Marokko war der Iran gegen Spanien über weite Strecken die bessere Mannschaft, verlor aber mit 0:1. Das abschließende 1:1 gegen Portugal reichte nur für Platz drei in der Vorrundengruppe B, gleichbedeutend mit dem abermaligen Aus in der Gruppenphase.

Für die Endrunde 2022 löste der Iran unter Trainer Dragan Skočić als erstes asiatisches Team das WM-Ticket. Das Spielsystem ist offensiv ausgelegt, verfügt der Iran doch über mehrere Mittel- und Flügelstürmer, die bei ihren europäischen Vereinen Hauptrollen spielen. Mehdi Taremi (FC Porto), Alireza Jahanbakhsh (Feyenoord Rotterdam) oder Ali Gholizadeh (RSC Charleroi) gehören dazu, Sardar Azmoun wartet bei Bayer Leverkusen noch auf seinen Bundesliga-Durchbruch. Ob die Qualität vor allem in der Defensive ausreicht, um erstmals eine WM-Gruppenphase zu überstehen, muss der Iran in Katar noch beweisen. Doch abermals ist den stolzen Muslimen zuzutrauen über sich hinauszuwachsen. ⚽

Sensationsfoto bei der WM 1998: Die Spieler Irans und der USA Arm in Arm

Iran

Konföderation: AFC
Spitzname: Team Melli (Das Nationalteam)
Titel: Asienmeister 1968, 1972, 1976
Bestes WM-Ergebnis: Vorrunde Gruppendritter 1998 (Aus gegen Deutschland, Jugoslawien und USA) und 2018 (Aus gegen Spanien, Portugal und Marokko)
Trainer: Dragan Skočić (seit 6. Februar 2020)
Aktuelle Topspieler: Ehsan Hajsafi (Abwehr), Mehdi Taremi, Sardar Azmoun (beide Sturm)
Rekordspieler: Javad Nekounam (2000 bis 2015, 149 Spiele)
Rekordtorschütze: Ali Daei (1993 bis 2006, 108 Tore)

STARS

Die Spiele der WM mit ihren Stars und Superstars, Jungstars und Altstars, versprechen packende Zweikämpfe auf höchstem Niveau: Hier ringt der englische Stürmer Harry Kane (9) mit dem kroatischen Verteidiger Dejan Lovren (6) um den Ball, im Hintergrund Luka Modrić (10).

| Stars |

Die Vollendung des Lionel Messi

Bescheidene Bilanz bei der WM 2018 in Russland: Nach schwacher Vorrunde scheidet Lionel Messi mit Argentinien gegen Frankreich im Achtelfinale aus.

Für den entscheidenden Treffer war zwar Mannschaftskollege Ángel Di María zuständig, doch im Juli 2021 hatte Lionel Messi endlich seinen Fluch – und den der argentinischen Nationalmannschaft – besiegt.

Im Finale der Copa América gewannen die Argentinier im Finale mit 1:0 gegen Brasilien und holten sich erstmals nach 28 Jahren wieder den Gewinn der Südamerikameisterschaft. Für Superstar Messi war es nach 16 Jahren Nationalmannschaft endlich der erste Titel mit den Albiceleste. Und Messi, der überragende Spieler der vergangenen eineinhalb Dekaden, hatte seinen Anteil am Erfolg. Er wurde Torschützen- und Vorlagenkönig sowie zum besten Spieler des Turniers gewählt.

»Ich musste den Dorn loswerden und mit der Nationalmannschaft etwas erreichen. Ich wusste, dass es irgendwann passieren würde«, sagte der sechsfache FIFA-Fußballer des Jahres und siebenfache Ballon d'Or-Gewinner. Der Misserfolg mit Argentinien, der Fernvergleich mit dem großen Diego Maradona, dem vorherigen Ausnahmekönner im himmelblau gestreiften Trikot, hatte wie eine Last auf dem nur 1,69 Meter großen Dribbelkünstler gelegen. Nachdem er im Finale der Copa América 2016 im Elfmeterschießen gegen Chile gescheitert war, hatte er sogar kurzzeitig seinen Rücktritt aus der Nationalmannschaft bekannt gegeben. Es war binnen zweier Jahre das dritte große Finale gewesen, bei dem Messi mit seinen Argentiniern den Platz als Verlierer verlassen hatte.

Die größte Niederlage war dabei 2014 bei der Weltmeisterschaft in Brasilien. Abermals gegen Deutschland scheiterten die Gauchos auf großer Weltbühne. Mario Götze hatte Deutschland zum WM-Titel in der Verlängerung geschossen, für Messi

| Stars |

Lionel Messi

Geboren: 24. Juni 1987 in Rosario, Argentinien
Größe: 1,69 Meter
Gewicht: 67 Kilogramm
Position: Sturm
Trikotnummer: 10 (Nationalmannschaft), 30 (Verein)
Vereine als Profi: FC Barcelona (2004 bis 2021), Paris Saint-Germain (seit 2021)
Länderspiele: 160 Einsätze*
Länderspieltore: 81 Tore*

*zum Ende der WM-Qualifikation

»Messi könnte der beste Spieler der Welt sein – wenn er ein Mensch wäre.«

Carloz Queiroz, ehemaliger Trainer von Real Madrid

Nach 28 titellosen Jahren endlich geschafft: Am 10.7.2021 gewann Lionel Messi mit Argentinien die Copa América 1:0 gegen Brasilien.

blieb der Trostpreis des Goldenen Balls als bester Spieler des Turniers. Die Deutschen sind bei WM-Turnieren ohnehin Messis Angstgegner. Schon 2006, als Messi als Jungspund erstmals einem argentinischen WM-Kader angehörte, war Deutschland im Viertelfinale nach Elfmeterschießen Endstation. 2010 war der Wettbewerb erneut im Viertelfinale beendet – nach einem 0:4-Debakel gegen die Deutschen. Immerhin waren es 2018 die Franzosen, die Argentinien aus dem Turnier beförderten, dafür aber bereits im Achtelfinale.

Hohe Torquote und Teamplayer

In Katar wird Messi 35 Jahre alt sein und vermutlich seine letzte Chance auf einen WM-Titel in seiner Vita haben. Dieser würde sich zu so vielen Erfolgen gesellen, die der kleine Argentinier in seiner Karriere gesammelt hat. Zehn spanische Meisterschaften und vier Siege der Champions League mit dem FC Barcelona stehen nur stellvertretend für die Sammlung aus Mannschaftstiteln und individuellen Auszeichnungen. Acht Ehrungen als Torschützenkönig der spanischen Primera División und sechs Torjägerkanonen der Champions League sind nur weitere Beispiele. Er ist Rekordtorschütze der spanischen Liga und niemand gewann dort mehr Spiele als Messi.

Es ist eine Augenweide Messi bei seinem Spiel zu beobachten. Er ist technisch perfekt, besitzt eine außerordentliche Spielintelligenz und hat das Gespür für das Abspiel zum durchstartenden Mitspieler. Mit dem Ball am Fuß ist er kaum aufzuhalten, dribbelt sich mit Tempo und Raffinesse an seinen Gegenspielern vorbei und ist dabei trotz seiner eigenen hohen Torquote stets mannschaftsdienlich. Seine Trainer können ihn flexibel in der Offensive einsetzen. Messi hat viel Erfahrung auf der rechten Außenbahn gesammelt, kann aber ebenso als klassischer Zehner, Mittelstürmer oder hängende Spitze eingesetzt werden. Will man eine Schwäche in den Fähigkeiten des Ausnahmekönners benennen, dann ist es sicherlich das Kopfballspiel, allein schon aufgrund mangelnder Körpergröße. Messis Vorfahren wanderten Ende des 19. Jahrhunderts von Italien in Richtung Argentinien aus. Neben der argentinischen besitzt der Ballkünstler auch die spanische Staatsbürgerschaft und ist seit Juni 2017 glücklich mit seiner langjährigen Freundin Antonella verheiratet, mit der er drei gemeinsame Söhne hat. Ein Schatten landete ab 2013 auf dem Superstar. Mehrfach und in verschiedenen Steuerangelegenheiten wurde Messi wegen Steuerhinterziehung angeklagt. Knapp 20 Millionen musste Messi in Summe an Steuernachzahlung und Geldstrafe leisten, zudem erhielt er 2015 eine Bewährungsstrafe. Auch sportlich lief es zuletzt zumindest auf Vereinsebene nicht mehr so gut. Nachdem der FC Barcelona in finanzielle Schwierigkeiten geraten war, wechselte Messi 2021 zu Paris Saint-Germain, wo er in seiner Premierensaison aber nicht glücklich wurde.

| Stars |

Neymar 🇧🇷

Geboren: 5. Februar 1992 in Mogi das Cruzes, Brasilien
Größe: 1,75 Meter
Gewicht: 68 Kilogramm
Position: Sturm
Trikotnummer: 10 (Nationalmannschaft und Verein)
Vereine als Profi: FC Santos (2009 bis 2013), FC Barcelona (2013 bis 2017), Paris Saint-Germain (seit 2017)
Länderspiele: 117 Einsätze*
Länderspieltore: 71 Tore*

*zum Ende der WM-Qualifikation

2021 verlor Neymar mit Brasilien die Südamerikameisterschaft gegen den großen Rivalen aus Argentinien. Hier beim 2:1-Sieg gegen Kolumbien beim Gruppenspiel in Rio de Janeiro.

Im Schatten von Pelé

Er bangte um die Fortsetzung seiner Karriere. Einmal mehr fühlte sich Neymar, der begnadete brasilianische Kicker und Hoffnungsträger einer ganzen Nation auf den Weltmeistertitel im eigenen Land, als Gejagter.

Das Weltpublikum beobachtete den jungen Virtuosen mit Argusaugen, alles war bereit, die Weltmeisterschaft in Brasilien sollte »seine« WM werden. Doch es kam anders. Viele Gegenspieler fühlen sich von Neymar provoziert, wenn er mit Leichtigkeit an ihnen vorbei dribbelt und jeden Körperkontakt dazu nutzt, um theatralisch zu Boden zu sinken und den Pfiff des Schiedsrichters für sich einzufordern. Kolumbiens Nationalspieler Juan Zúñiga brannten im Viertelfinale von 2014 die Sicherungen durch, mit dem Knie erwischte er den Brasilianer im Rücken, der mit einem Lendenwirbelbruch nicht nur Spiel und Turnier beenden musste, sondern zeitweise sogar um den zitierten Fortbestand seiner Karriere zittern musste.

Theatralik bleibt im Gedächtnis

Neymar und WM-Endrunden haben bisher noch nie so richtig miteinander harmoniert. Bereits mit 17 Jahren feierte er sein Profi-Debüt beim FC Santos in seiner Heimat und debütierte nur ein Jahr später für die Nationalmannschaft. Nicht ohne bereits ein Kapitel geschrieben zu haben. Trotz massiven öffentlichen Drucks und den Empfehlungen ehemaliger Nationalspieler wie Pelé oder Romário verzichtete der damalige Nationaltrainer Dunga darauf, Neymar für die Weltmeisterschaft 2010 zu nominieren. Nach einem enttäuschenden Aus im Viertelfinale waren Dungas Tage im Amt gezählt und Nachfolger Mano Menezes holte Neymar umgehend in den Kreis der Seleção. Von der Weltmeisterschaft 2018 in Russland sind weniger seine zwei Tore in fünf Spielen in Erinnerung, als abermals seine Rolle als Opfer gegnerischer Fouls. Obwohl Neymar der am meisten gefoulte Spieler der Endrunde war, blieb vor allem seine anhaltende Theatralik im Gedächtnis. Buchmacher boten zum Viertelfinale gegen Belgien sogar Wetten an, wie viele Rollen Neymar nach einem Foulspiel darbietet, um einem Foulspiel mehr Aufmerksamkeit zu verleihen.

Das alles soll aber nicht darüber hinwegtäuschen, dass Neymar einer der besten Fußballer seiner Generation ist.

> **»Es gibt keinen Druck, wenn man einen Traum verwirklicht.«**
>
> Neymar

Wenn Neymar bei der Weltmeisterschaft in Katar für Brasilien auf dem Platz steht, dann kann er Geschichte schreiben. 77 Tore hat Brasiliens Fußball-Legende Pelé im Nationaltrikot in seiner Karriere erzielt. Neymar, der andere herausragende brasilianische Stürmer wie Ronaldo oder Romário bei den Treffern für die Nationalmannschaft bereits hinter sich gelassen hat, könnte diesen Rekord brechen. Zum Ende der WM-Qualifikation hatte der Stürmer bereits 71 Tore auf dem Konto.

Doch selbst wenn der zur Endrunde 30-Jährige sich in der Ewigen Torjägerliste der brasilianischen Nationalmannschaft an Pelé vorbeischieben sollte, so sind Vergleiche mit dem vielleicht besten Fußballer aller Zeiten nicht statthaft. Pelé war an nicht weniger als drei WM-Titeln der Südamerikaner beteiligt, prägte den Fußball einer ganzen Generation und wurde beispielsweise 1999 vom Internationalen Olympischen Komitee zum Sportler des Jahrhunderts ernannt. Der hoch veranlagte und überragend talentierte Neymar steckt innerhalb seiner Generation im internationalen Vergleich in puncto Reputation hingegen hinter einem Cristiano Ronaldo oder Lionel Messi fest und wartet noch immer auf seinen ersten Titel mit der Nationalmannschaft. Den Gewinn der Südamerikameisterschaft 2019 verpasste er verletzungsbedingt. Immerhin: Bei den Olympischen Spielen 2016 gewann er mit der Olympia-Auswahl die Goldmedaille.

Teuerster Spieler der Welt

Während Neymar also hofft, im gereiften Fußball-Alter nun endlich auch seinen ersten WM-Titel zu holen, so kann er auf Vereinsebene auf eine große Titelsammlung zurückblicken. Mit dem FC Barcelona holte er zweimal die spanische Meisterschaft, dreimal den Pokal und triumphierte mit den Katalanen 2015 in der Champions League. Für Aufmerksamkeit auf ganz anderer Ebene sorgte er 2017 bei seinem Wechsel von Barcelona zu Paris Saint-Germain. Die 222 Millionen Euro, die Paris für seinen neuen Topstar überwies, sind die höchste Ablösesumme, die je für einen Fußballer generiert worden sind. Mit den Franzosen reicherte er seine Sammlung nationaler Titel mit Meisterschaften und Pokalsiegen weiter an und hofft in Katar nun aus dem übergroßen Schatten Pelés wenigstens ansatzweise mit einem ersten WM-Titel heraustreten zu können.

| Stars |

Goalgetter mit Ritterorden

Im Mai 2019 wurde Harry Kane besondere Ehre zuteil. Von Prinz William, Sohn von Englands Thronfolger Prinz Charles, wurde der damals 26-Jährige zum »Member of the Most Excellent Order of the British Empire« ernannt.

Zuvor hatte der Stürmer die englische Nationalmannschaft bei der WM-Endrunde 2018 in Russland mit sechs Toren ins Halbfinale geschossen und war damit Torschützenkönig des Turniers geworden. Der seitdem in den Adelsstand erhobene Kane verzichtet aber darauf, sich von seinen Teamkameraden mit »Sir« ansprechen zu lassen. Von der Jugendakademie von Tottenham Hotspur schaffte Kane 2009 im Alter von nur 16 Jahren den Sprung in die erste Mannschaft und erhielt im Jahr darauf seinen ersten Profivertrag. Seinen Durchbruch schaffte er aber erst 2014 unter Trainer Mauricio Pochettino. Seitdem hat sich Kane als einer der besten Stürmer der Welt etabliert, wurde dreimal Torschützenkönig der Premier League und sorgte auch bei den Three Lions für Furore. Als Kapitän führte er England 2018 zum größten WM-Erfolg seit 1990 und bei der folgenden Europameisterschaft erreichte England erstmals seit 1966 wieder das Finale eines großen Turniers. Mit zwölf Treffern war Kane neben dem Niederländer Memphis Depay der erfolgreichste Torschütze der europäischen WM-Qualifikation in Richtung Katar.

Harry Kane

Geboren: 28. Juli 1993 in London, England
Größe: 1,88 Meter
Gewicht: 86 Kilogramm
Position: Sturm
Trikotnummer: 9 (Nationalmannschaft), 10 (Verein)
Vereine als Profi: Tottenham Hotspur (seit 2009), ausgeliehen an Leyton Orient (2011), Millwall FC (2012), Norwich City (2012 bis 2013) und Leicester City (2013).
Länderspiele: 67 Einsätze*
Länderspieltore: 48 Tore*

*zum Ende der WM-Qualifikation

NFL-Kicker nach Karriereende

Trotz seiner Größe von 1,88 Metern verfügt Kane über eine erstaunliche Technik, herausragend sind zudem seine Mentalität, sein Torabschluss und seine Präsenz im gegnerischen Strafraum. Pochettino verglich Kane 2017 mit Argentiniens Sturmlegende Gabriel Batistuta. Auch privat hat der dreifache Familienvater sein Glück gefunden. Seit 2019 ist Kane mit seiner Jugendfreundin Katie verheiratet. Zudem ist er großer American-Football-Fan, seine Labradore tragen die Namen Brady und Wilson, benannt nach zwei berühmten NFL-Quarterbacks. Übrigens: Für die Zeit nach seiner Fußball-Karriere hat Kane ein Engagement als NFL-Kicker ins Auge gefasst. ⚽

Harry Kane ist dreimaliger Torschützenkönig der Premier League und Kapitän der englischen Nationalelf.

| Stars |

Der Unterschiedsspieler

Xavi geriet nach dem Einzug seines FC Barcelona ins Viertelfinale der Europa League im März 2022 regelrecht ins Schwärmen.

Nach einem torlosen Remis im Hinspiel hatte Barca trotz Rückstands 2:1 bei Galatasaray Istanbul gewonnen. Dem jungen Pedri war dabei ein bemerkenswerter Ausgleichstreffer gelungen, ehe der Ex-Dortmunder Pierre-Emerick Aubameyang den Auswärtserfolg vollendete. »Es ist eine Ehre für mich, Pedri trainieren zu dürfen. Er ist einfach ein Unterschiedsspieler«, sagte Barcelonas Coach Xavi.

Neben Pedris Leistungen auf dem Platz sind es auch solch gewichtige Worte, die dafür sorgen, dass viele der spanischen Hoffnungen auf eine erfolgreiche Weltmeisterschaft auch auf den Schultern Pedris ruhen. Dabei wird der Shooting Star erst vier Tage nach Turnierbeginn seinen 20. Geburtstag feiern. Seit 2020 trägt Pedri das Trikot des FC Barcelona

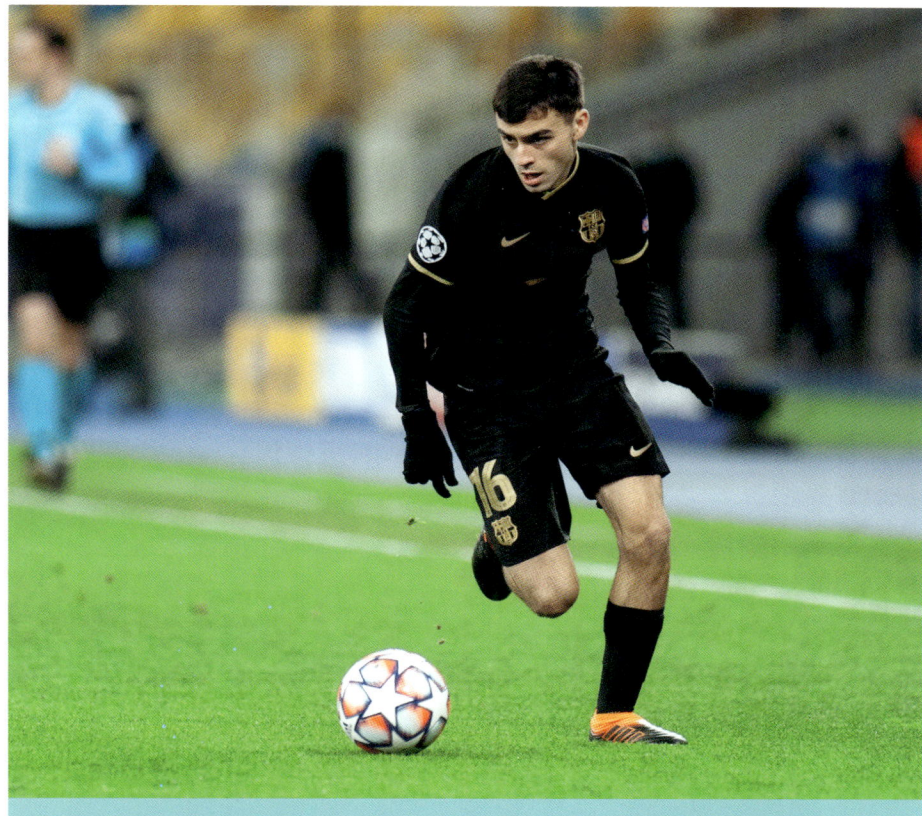

Bei der Europameisterschaft 2021 wurde Pedri, bürgerlicher Name Pedro González López, als bester Nachwuchsspieler des Turniers ausgezeichnet.

Pedri 🇪🇸

Geboren: 25. November 2002 in Tegueste, Teneriffa, Spanien
Größe: 1,74 Meter
Gewicht: 60 Kilogramm
Position: Mittelfeld
Trikotnummer: 26 (Nationalmannschaft) 16 (Verein)
Vereine als Profi: UD Las Palmas (2019 bis 2020), FC Barcelona (seit 2020)
Länderspiele: 10 Einsätze*
Länderspieltore: 0 Tore*

*zum Ende der WM-Qualifikation

und hat sich binnen kürzester Zeit zu einem absoluten Stammspieler im Mittelfeld entwickelt. Auch bei der Nationalmannschaft. Bei der zurückliegenden Europameisterschaft stand Pedri in allen sechs Partien auf dem Platz, verpasste nur eine EM-Minute und war so mit Garant für den erfolgreichen Turnierverlauf der Spanier, die das Halbfinale erreichten.

Immer der Jüngste

Zudem machte Nationaltrainer Luis Enrique den damals 18-Jährigen zum jüngsten Spieler, der je für Spanien bei einer EM gespielt hat. Altersrekorde sind Pedri dabei nicht unbekannt. Schon bei seinem vorherigen Verein hatte Pedri für Aufsehen gesorgt. Mit gerade einmal 16 Jahren wurde er zum jüngsten Torschützen der Vereinsgeschichte von UD Las Palmas.

Pedri ist ein wahrer Dauerbrenner. Im Sommer 2021 nahm er mit der spanischen Auswahl an den Olympischen Spielen von Tokio teil und gewann die Silbermedaille. Das Finale war dabei das 73. Spiel in Pedris Saisonverlauf. Seine Stärken auf dem Platz liegen in seinen Aktionen in den Zwischenräumen. Nominell häufig als Flügelspieler aufgestellt, ist der fleißige und intelligente Pedri aber auf dem ganzen Platz zu finden und an unzähligen Offensivaktionen seiner Mannschaft beteiligt. ⚽

| Stars |

Der heimliche Weg zum Superstar

Den entscheidenden Elfmeter um das WM-Ticket verwandelte Sadio Mané. In der dritten Runde der afrikanischen Qualifikation traf Mané als fünfter Schütze Senegals zum 3:1.

Sein Teamkollege vom FC Liverpool, Mohamed Salah, ebenfalls ein Superstar des internationalen Fußballs, hatte seinen Elfmeter, den ersten in diesem Ausscheidungsschießen, für Ägypten hingegen verschossen. So fährt Mané mit dem Senegal nach Katar, Salah bleibt nur das Zuschauen.

Dass der 30 Jahre alte Mané überhaupt in der Spitze des Weltfußballs zu finden ist, grenzt hingegen an ein Wunder. Wie der heutige Hobbykoch und Freizeitmusiker auf dem Youtube-Kanal des FC Liverpool verriet, wohnte er in seiner senegalesischen Heimat mit insgesamt zehn Personen unter einem Dach. Seine Familie verbot ihm gar den Fußball und so

Sadio Mané: Afrikameister 2022 und UEFA-Champions-League-Sieger 2019

Sadio Mané

Geboren: 10. April 1992 in Bambali, Senegal
Größe: 1,75 Meter
Gewicht: 69 Kilogramm
Position: Sturm
Trikotnummer: 10 (Nationalmannschaft und Verein)
Vereine als Profi: FC Metz (2011 bis 2012), Red Bull Salzburg (2012 bis 2014), FC Southampton (2014 bis 2016), FC Liverpool (seit 2016)
Länderspiele: 86 Einsätze*
Länderspieltore: 28 Tore*

*zum Ende der WM-Qualifikation

spielte der junge Mané zunächst heimlich. Nachdem ihm ein väterlicher Freund ausreichend Geld für einen Schulabschluss in Dakar lieh, war das Eis der Familie hinsichtlich der sportlichen Ambitionen Manés gebrochen. Als er dann aber von der Fußball-Akademie in Dakar in die zweite französische Liga wechselte, war er erneut inkognito unterwegs. Erst als der 2011 dann 19-Jährige beim FC Metz unterschrieben hatte, rief er zuhause an und berichtete.

Produktiver Torschütze

Von da an nahm die Karriere Manés Fahrt auf, seit 2016 spielt er für den FC Liverpool in der Premier League, wo das Aushängeschild des senegalesischen Fußballs 2018/2019 Torschützenkönig und in der Folge Afrikas Fußballer des Jahres wurde. Für den Senegal feierte der gläubige Moslem bereits 2012 sein Debüt und führte seine Teranga-Löwen 2022 zum Gewinn der Afrika-Meisterschaft. Natürlich im Finale erneut gegen Ägypten – und erneut verwandelte Mané den letzen Schuss vom Punkt.

Mané ist ein vielseitiger Offensivspieler, dessen konzentrierter Abschluss ihn zu einem produktiven Torschützen macht. Technik, Schnelligkeit, Kreativität und seine Entscheidungsfindung zählen zu seinen weiteren Stärken. Schon 2018 war Mané für den Senegal bei einer WM dabei, sein einziger bisheriger WM-Treffer gegen Japan reichte in Russland nicht zum Erreichen der K.o.-Phase. Das soll in Katar anders werden.

| Stars |

Vergleiche mit den Besten

Wer als neutraler Fan Frenkie de Jong beim Fußballspielen zuschaut, kann ins Schwärmen geraten. Niederländische Anhänger sehen in dem Mittelfeldspieler die Leichtigkeit der Oranje-Legende Johan Cruyff.

Es sind sein Blick für das Spielgeschehen, seine Ballsicherheit, sein Laufstil und sein selbstverständlicher Bewegungsablauf, mit dem er sich und die Mitspieler freispielt. Aufgrund seiner Fähigkeiten ist de Jong auch in höchsten Drucksituationen anspielbar, verliert nicht den Ball und hat das Gefühl für das Abspiel in die Schnittstelle im richtigen Moment. Einzig das Toreschießen hat sich noch nicht als große Stärke erwiesen.

Ein Euro Ablösesumme

Sein Profidebüt in der niederländischen Ehrendivision gab er im Mai 2015 zwei Tage vor seinem 18. Geburtstag für Willem II Tilburg. Schon ein Jahr später wechselte das große Talent für die symbolische Ablösesumme von einem Euro zu Ajax Amsterdam – jedoch ließ sich Willem II einen beträchtlichen Anteil des Erlöses an einem Weiterverkauf vertraglich zusichern. »Mit seinem Talent in diesem Alter kann er ein Xavi oder Iniesta werden«, sagte Ajax-Sportdirektor Marc Overmars damals über de Jong und scheute den Vergleich mit zwei der besten Mittelfeldspieler seit der Jahrtausendwende nicht. Mit Amsterdam wurde de Jong niederländischer Meister und Pokalsieger und wechselte dann 2019 für 86 Millionen Euro zum FC Barcelona, der de Jong gleich eine Summe von 400 Millionen Euro als Ausstiegsklausel in den Vertrag schreiben ließ.

Mit Modeinfluenzerin liiert

Bei Barcelona ist de Jong wie auch in der Nationalmannschaft, für die er 2018 debütierte, nicht mehr wegzudenken. Privat läuft es ebenfalls rund: Frenkie de Jong ist seit seiner Schulzeit mit der ein Jahr jüngeren Mikky Kiemeney liiert. Neben ihrem berühmten Freund wurde Kiemeney selbst zum Star, gründete ein Modelabel und hat über 1,5 Millionen Fans auf sozialen Plattformen. De Jong seinerseits mag es bodenständig: Im Verein, wo ein gewisser Xavi mittlerweile sein Trainer ist, wie auch in der Elftal trägt er das Trikot mit der Nummer 21. Damit gedenkt er an seinen Großvater, der an einem 21. April geboren wurde. ⚽

Frenkie de Jong

Geboren: 12. Mai 1997 in Gorinchem, Niederlande
Größe: 1,80 Meter
Gewicht: 74 Kilogramm
Position: Mittelfeld
Trikotnummer: 21 (Nationalmannschaft und Verein)
Vereine als Profi: Willem II Tilburg (2015 bis 2016), Ajax Amsterdam (2016 bis 2019), FC Barcelona (seit 2019)
Länderspiele: 38 Einsätze*
Länderspieltore: 1 Tor*

*zum Ende der WM-Qualifikation

Frenkie de Jong (rechts) im Zweikampf mit Deutschlands Jamal Musiala

Der Spätstarter

Heute gehört N'Golo Kanté zu den besten Fußballern der Welt. Mit der französischen Nationalmannschaft feierte er 2018 als amtierender Vize-Europameister den WM-Titel.

Mit Leicester City gewann er die englische Meisterschaft, mit dem FC Chelsea Meisterschaft, nationale Pokalsiege und Champions League. Dabei musste sich der nur 1,68 Meter große defensive Mittelfeldspieler lange gedulden, bis er groß rauskam.

Als eines von neun Kindern seiner 1980 aus Mali in einen Pariser Vorort eingewanderten Eltern musste sich Kanté zunächst einmal innerhalb der eigenen Familie in ärmlichen Verhältnissen behaupten. Erst mit 21 Jahren unterschrieb er 2012 seinen ersten Profivertrag – beim drittklassigen US Boulogne. Bis zu seinem Debüt im französischen Oberhaus Ligue 1 dauerte es noch zwei weitere Jahre. Am 9. August 2014 schoss er in Diensten des SM Caen, mit dem er zuvor nach einem Vereinswechsel aufgestiegen war, auch gleich sein erstes Erstligator.

Egal, in welcher Liga, Kanté ist überall auf Anhieb Stammspieler. So ging es dann auch gleich ab 2015 in der Premier League weiter, wo er mit Leicester City Überraschungsmeister wurde. Seit 2016 ist er beim FC Chelsea ebenso gesetzt, wie in der Équipe Tricolore, für die er erst 2016 vier Tage vor seinem 25. Geburtstag seine Premiere feierte. Sein Vereinstrainer Thomas Tuchel sagte über Kanté: »Wenn du mit N'Golo spielst, hast Du einen halben Spieler mehr auf dem Spielfeld. Das ist einzigartig.«

Kanté, der nach dem malischen Provinzkönig N'Golo Diarra benannt ist, spielt auf dem Platz mit unerbittlicher Energie, ist laufstark und diszipliniert. Zwischen den Strafräumen verfügt er über ein unvergleichliches Stellungsspiel und sorgt für etliche Balleroberungen für seine Mannschaft. Lautstark ist Kanté dabei nicht, der gläubige Moslem ist eher schüchtern und introvertiert. Sollte Frankreich bei der WM eine große Rolle spielen, kann man fast sicher davon ausgehen, dass Kanté heimlich, still und leise einen großen Anteil zum Erfolg beigetragen hat.

N'Golo Kanté 🇫🇷

Geboren: 29. März 1991 in Paris, Frankreich
Größe: 1,68 Meter
Gewicht: 70 Kilogramm
Position: Mittelfeld
Trikotnummer: 13 (Nationalmannschaft) 7 (Verein)
Vereine als Profi: US Boulogne (2012 bis 2013), SM Caen (2013 bis 2015), Leicester City (2015 bis 2016), FC Chelsea (seit 2016)
Länderspiele: 51 Einsätze*
Länderspieltore: 2 Tore*

*zum Ende der WM-Qualifikation

Er gilt als einer der besten defensiven Mittelfeldspieler der Welt: N'Golo Kanté.

| Stars |

Der Kannibale

Luis Suárez

Geboren: 24. Januar 1987 in Salto, Uruguay
Größe: 1,82 Meter
Gewicht: 83 Kilogramm
Position: Sturm
Trikotnummer: 9 (Nationalmannschaft und Verein)
Vereine als Profi: Nacional Montevideo (2005 bis 2006), FC Groningen (2006 bis 2007), Ajax Amsterdam (2007 bis 2011), FC Liverpool (2011 bis 2014), FC Barcelona (2014 bis 2020), Atlético Madrid (seit 2020)
Länderspiele: 132 Einsätze*
Länderspieltore: 68 Tore*

*zum Ende der WM-Qualifikation

Polarisiert mit seinen Aktionen auf dem Platz: Luis Suárez.

Italiens Verteidiger Giorgio Chiellini sackte in sich zusammen und hielt sich ungläubig die linke Schulter.

Nach einem harmlos aussehenden Zusammenprall mit Luis Suárez im Vorrundenspiel der Weltmeisterschaft von 2014 blieb auch der Uruguayer zunächst liegen und fühlte mit den Fingern nach dem Zustand seiner oberen Schneidezähne. In der Zeitlupe wurde dann aber deutlich, dass an dieser Szene gar nichts harmlos war. Suárez hatte es wieder getan. Der Star-Stürmer hatte seinen Gegenspieler mit voller Absicht gebissen.

Weltweites Stadionverbot als Strafe

Schon vier Jahre zuvor hatte Suárez erstmals dokumentiert bei einem Fußballspiel sein Kauwerkzeug zum Einsatz gebracht. Als Spieler von Ajax Amsterdam biss er seinen Gegenspieler Otman Bakkal bei einer Spielunterbrechung in die rechte Schulter. Und auch 2013 als Spieler des FC Liverpool hinterließ er Bissspuren bei Branislav Ivanović vom FC Chelsea. Dass er dabei stets erwischt und langwierig gesperrt wurde, hielt Suárez nicht von Wiederholungstaten ab. Für seine Attacke gegen Chiellini erhielt der Uruguayer eine Strafe von vier Monaten für sämtliche Fußball-Aktivitäten – inklusive weltweiten Stadionverbots. Hinzu kam eine Sperre von neun Länderspielen, bei der WM in Brasilien durfte er keinen Kontakt mehr zu seiner Mannschaft haben. Die Geldstrafe von 100.000 Schweizer Franken dürfte Suárez dabei am wenigsten gestört haben.

Der Skandalprofi gehört seit mehr als einer Dekade zu den besten Stürmern weltweit, ist unheimlich zweikampfstark und durchsetzungsfähig. Sein Torriecher brachte ihn in die Premier League und in die Primera Division und zu einem entsprechenden Multimillionen-Einkommen. In Katar ist er noch immer der Starspieler seines Verbandes und die Hoffnungen der Fans ruhen auf den Toren des bei der Weltmeisterschaft 35-Jährigen. Vielleicht sorgt »El Pistolero«, wie Suárez aufgrund seines Torjubels, bei dem er mit den Fingern Revolver formt und imaginär schießt, bei seiner vierten WM-Teilnahme noch einmal mit seinen Toren für sportliche Schlagzeilen.

| Stars |

»Fans verspotten mich, weil ich gut aussehe, reich und ein großartiger Spieler bin.«

Cristiano Ronaldo

Ronaldo

Geboren: 5. Februar 1985 in San António, Madeira, Portugal
Größe: 1,87 Meter
Gewicht: 85 Kilogramm
Position: Sturm
Trikotnummer: 7 (Nationalmannschaft und Verein)
Vereine als Profi: Sporting Lissabon (2002 bis 2003), Manchester United (2003 bis 2009), Real Madrid (2009 bis 2018), Juventus Turin (2018 bis 2021), Manchester United (seit 2021)
Länderspiele: 186 Einsätze*
Länderspieltore: 115 Tore*

*zum Ende der WM-Qualifikation

Superstar der Superlative

Bei seinem größten Erfolg mit der Nationalmannschaft Portugals musste Cristiano Ronaldo zusehen. Im Finale der Europameisterschaft von 2016 gegen den Gastgeber hatte der Franzose Dimitri Payet bereits in der achten Minute zum Foulspiel gegen den portugiesischen Superstar ausgeholt.

Nach 25 Spielminuten war dann klar, dass es für Ronaldo nicht weitergeht. Ausgerechnet Cristiano Ronaldo, der in seiner Karriere so gut wie nie verletzt war, ausgerechnet das EM-Endspiel verpasste er nun in weiten Teilen.

Teamkollege Nani übernahm die Kapitänsbinde, der eingewechselte Éder traf in der Verlängerung zum Tor des Tages und Ronaldo hatte doch noch seinen Anteil am Triumph – er motivierte, coachte und dirigierte von der Seitenlinie aus seine Mannschaftskameraden in bester Trainer-Manier. Bei der Siegerehrung gab Nani die Armbinde des Kapitäns an den tragischen Helden dieses Abends von Saint-Denis zurück. Es war der erste von zwei Titeln in der Fußball-Geschichte Portugals, 2019 folgte der Sieg in der neuen Nations League.

Dem, wie sich Ronaldo an der Seitenlinie gab, ganz der Teamplayer, stehen oftmals lauthals Kritiker gegenüber, die in dem gut aussehenden Starspieler einen arroganten Schnösel sehen. Ronaldo ist immer perfekt gestylt und überlässt nichts dem Zufall. Seine Ernährung hat er seiner Profi-Karriere untergeordnet. Sein früherer Teamkollege Patrice Evra sagte dem britischen Radiosender »Talksport« einmal, dass man eine Einladung Ronaldos zum Mittagessen besser nicht annehme, es bestehe aus Salat, Hühnchen ohne alles und Wasser. Wie sehr Ronaldo bei der Selbstoptimierung dabei ins Detail geht, offenbarte er schon früh in seiner Karriere: »Es kommt auf Kleinigkeiten an, um noch schneller zu werden. Da ist jede Körperbehaarung, auch am Po, störend«, begründete Ro-

> »Talent
> ohne harte Arbeit
> ist nichts.«
>
> Cristiano Ronaldo Dos Santos Aveiro,
> genannt Ronaldo

naldo seine Ganzkörperrasur. Der Erfolg gibt dem schnellen Außenbahnspieler mit dem unverwechselbaren Zug zum Tor derweil recht und lässt jeden Kritiker im Regen stehen. Kein Fußballer der Geschichte hat mehr Länderspiel- und Pflichtspieltore erzielt als der portugiesische Rekordnationalspieler. Fünfmal – und damit so oft wie kein anderer – gewann Ronaldo bisher die Champions League, einmal mit Manchester United, gleich viermal mit Real Madrid, dessen Rekordtorschütze er ist. Er wurde Meister, Fußballer des Jahres und Torschützenkönig in England, Spanien und Italien. Natürlich ist er damit der einzige Fußballer, dem das gelang. Nur bei der Wahl zum FIFA-Weltfußballer des Jahres muss er seinem ewigen Widersacher Lionel Messi, dem zweiten Weltstar der gleichen Ära, den Vortritt lassen. Ronaldo errang diese Ehre fünfmal in seiner Karriere, dem Argentinier Messi wurde sie insgesamt sechsmal zuteil.

Geboren wurde Ronaldo 1985 als jüngstes von vier Kindern seiner Eltern José und Maria Dolores in San António, nahe Funchal, der Hauptstadt der Insel Madeira. Seinen zweiten Vornamen Ronaldo, sein kompletter Name lautet Cristiano Ronaldo dos Santos Aveiro, bekam er von seinem Vater, der ein Fan des Schauspielers und späteren US-Präsidenten Ronald Reagan war. Im Alter von drei Jahren begann Ronaldo mit dem Fußballspielen, mit acht Jahren spielte er in der Jugend des CF Andorinha, dem Verein bei dem sein Vater als Zeugwart arbeitete. Über Nacional Funchal landete er bei Sporting Lissabon, für das er 2002 sein Profidebüt feierte. Der Beginn einer einzigartigen Weltkarriere der Superlative, von der sein Vater nur die Anfänge mitbekam. Bereits 2005 verstarb José, der viele Jahre an Alkoholsucht litt, an Leber- und Nierenversagen im Alter von nur 51 Jahren.

Fünfte Weltmeisterschaft in Folge

Das Privatleben des Superstars gestaltet sich ebenfalls als einzigartig. Schon 2010 kam sein Sohn Cristiano Jr. zur Welt, für den Ronaldo als Ergebnis eines One Night Stands laut »Sunday Mirror« das alleinige Sorgerecht für zehn Millionen Pfund von der Mutter erkaufte. Im Sommer 2017 kamen die Zwillinge Mateo und Eva zur Welt – ausgetragen von einer amerikanischen Leihmutter. Schon zu diesem Zeitpunkt war Ronaldo, der sich um alle seine Kinder mit Liebe kümmert, mit dem spanisch-argentinischen Model Georgina Rodríguez liiert – im November 2017 gebar sie die gemeinsame Tochter Alana Martina. Im April 2022 bekam das Paar dann weitere Zwillinge, ein Mädchen und einen Jungen. Tragisch für die Eltern: Der Sohn überlebte die Geburt nicht.

In Katar nimmt Ronaldo an seiner fünften Weltmeisterschaft teil, es wäre bei ihm nicht verwunderlich, sollte es nicht seine letzte sein. ✪

| Stars |

Ein kompletter Fußballer

Aus etwa 17 Metern nahm er Maß und vollendete einen Tempogegenstoß mit einem satten Rechtsschuss ins lange Eck. Kevin de Bruyne erzielte im WM-Viertelfinale von 2018 das zwischenzeitliche 2:0 für Belgien gegen die favorisierten Brasilianer.

Kevin de Bruyne

Geboren: 28. Juni 1991 in Drongen, Belgien
Größe: 1,81 Meter
Gewicht: 76 kg
Position: Mittelfeld
Trikotnummer: 7 (Nationalmannschaft), (17 Verein)
Länderspiele: 88 Einsätze*
Länderspieltore: 23 Tore*
Vereine als Profi: KRC Genk (2008 bis 2012), FC Chelsea (2012 bis 2014/2012 bis 2013 ausgeliehen an Werder Bremen), VfL Wolfsburg (2014 bis 2015), Manchester City (seit 2015)

*zum Ende der WM-Qualifikation

Der Rotschopf zeigte auf großer Bühne einmal mehr, dass er zu den besten Fußballern der Welt gehört und fähig ist, die richtigen Entscheidungen auf dem Fußballplatz zu treffen. Belgien schlug Brasilien und zog erstmals nach 32 Jahren wieder in das Halbfinale einer Weltmeisterschaft ein.

Defensivere Rolle im Nationalteam

Dabei war die Erfolgsspur des torgefährlichen Mittelfeldspielers keineswegs eine Einbahnstraße. Erst im dritten Versuch schaffte de Bruyne den Durchbruch in der englischen Premier League. Zweimal hatte er es beim FC Chelsea versucht, nach Umwegen über Werder Bremen und den VfL Wolfsburg landete de Bruyne dann aber für die damalige Bundesliga-Rekordablöse von 75 Millionen Euro 2015 bei Manchester City und startete unter Trainer Pep Guardiola ein Jahr später richtig durch. 2020 und 2021 wurde der Belgier durch eine Spielerwahl jeweils zu Englands Fußballer des Jahres gewählt. In der Nationalmannschaft setzt ihn Trainer Roberto Martínez defensiver ein. Für Belgien zieht de Bruyne die Strippen, ist Stratege, ordnet und lenkt das Spiel aus der Zentrale heraus – de Bruyne gilt als »kompletter« Spieler.

Kevin de Bruyne, hier im Viertelfinale der Weltmeisterschaft 2018 spielt mit vollem Einsatz gegen Brasilien.

Keine Angst vor Kritik

Doch nicht nur seine Trainer und Mitspieler können sich auf de Bruyne verlassen. Schon seit 2014 ist er mit Michèle Lacroix liiert, seit 2015 ist das Paar verheiratet und hat mittlerweile zwei Jungen und einem Mädchen das Leben geschenkt. Aufmerksamkeit erweckte de Bruyne auch 2014 als er als Botschafter für die Special Olympics in Antwerpen sein Profilbild auf der Social-Media-Plattform Instagram bearbeiten ließ, so dass sein Antlitz dem eines Menschen mit Down-Syndroms ähnelte. Für die Aktion unter dem Slogan »Würdest Du noch immer mein Fan sein, wenn ich so aussehen würde«, musste de Bruyne auch Kritik einstecken. ⚽

| Stars |

Mit 16 schon im Rampenlicht

Dem 13. Mai 2009 fieberte Romelu Lukaku auf besondere Weise entgegen. Wie für fast jeden Teenager bedeutet der 16. Geburtstag einen Meilenstein auf dem Weg zum Erwachsenwerden.

Lukaku aber wusste, dass er an diesem Tag seinen ersten Profivertrag unterschreiben würde, ganz so, wie er es sich vorgenommen hatte, um seiner harten Kindheit zu entkommen. Gemeinsam mit seinem jüngeren Bruder Jordan wuchs Romelu Lukaku als Sohn afrikanischer Einwanderer im belgischen Wintam in ärmlichen Verhältnissen auf. Zeitweise war es der Familie nicht möglich für den benötigten Strom aufzukommen. Romelu, der schon in seiner Jugend über einen stattlichen Körperbau verfügte, packte all den Frust seiner Jugend in seinen Spielstil, der vor allem auf Körperlichkeit und Durchsetzungsvermögen ausgelegt war und noch heute ist. Als Vorbild bezeichnet er den Brasilianer Ronaldo, der laut Lukaku das Fußballspiel mit seiner Technik und Athletik verändert hat.

Nations-League-Spiel Belgien gegen Frankreich im Oktober 2021: Romelu Lukaku unterstützt die antirassistische Black Lives Matter-Bewegung.

Romelu Lukaku 🇧🇪

Geboren: 13. Mai 1993 in Antwerpen, Belgien
Größe: 1,91 Meter
Gewicht: 103 Kilogramm
Position: Sturm
Trikotnummer: 9 (Nationalmannschaft und Verein)
Vereine als Profi: RSC Anderlecht (2009 bis 2011), FC Chelsea (2011 bis 2013 und seit 2021, ausgeliehen an West Bromwich Albion (2012 bis 2013), FC Everton (2013 bis 2017), Manchester United (2017 bis 2019), Inter Mailand (2019 bis 2021)
Länderspiele: 101 Einsätze*
Länderspieltore: 68 Tore*

*zum Ende der WM-Qualifikation

Unverzichtbarer Stammspieler

So startete der Linksfüßer bereits mit 16 Jahren mit 19 Toren in seiner ersten Saison für den RSC Anderlecht durch. Das Debüt in der Nationalmannschaft Belgiens folgte noch zwei Monate vor seinem 17. Geburtstag. Zwei Jahre später zog es ihn zu den namhaften europäischen Vereinen. Seit 2021 ist er wieder beim FC Chelsea, wo einst ähnlich physische Stürmer wie Didier Drogba und Nicolas Anelka erfolgreich spielten. Für Belgien nahm der gläubige Christ und passionierte Antialkoholiker ab 2014 an jeweils zwei Welt- und Europameisterschaften als nicht wegzudenkender Stammspieler teil. Seine Präsenz und Torgefährlichkeit in vorderster Front ist für Belgien unverzichtbar. Bei der zurückliegenden paneuropäischen EM wurde er ins »Team des Turniers« gewählt.

Lukaku, der sich schon mehrfach öffentlich gegen Rassismus und jegliche Form von Diskriminierung eingesetzt hat, spricht neben Französisch und Niederländisch fließend Englisch, Portugiesisch, Spanisch und einen kongolesischen Dialekt des Suaheli. Zudem versteht er deutsch. ⚽

| Stars |

Der Wunderstürmer

Ein wuchtiger Rechtsschuss aus etwa 23 Metern bedeutete das vorentscheidende 4:1 für Frankreich beim 4:2-Triumph im WM-Finale von 2018 gegen Kroatien. Es war das vierte Turniertor von Kylian Mbappé und es war etwas Besonderes.

Erstmals seit dem Finaltreffer von Pelé 1958 für Brasilien gegen Schweden hatte wieder ein Teenager in einem WM-Endspiel ein Tor erzielt. Mbappé war der Shooting Star des Turniers, hatte Frankreich schon durch sein erstes Turniertor im zweiten Gruppenspiel beim 1:0 gegen Peru vorzeitig ins Achtelfinale geschickt und avancierte dort beim 4:3 über Argentinien zum Matchwinner. Folgerichtig wurde Mbappé zum besten Nachwuchsspieler des Turniers ausgezeichnet. Obendrein ist er der jüngste Franzose, der je bei einer WM auf dem Platz stand.

Karriere verläuft stetig bergauf

In Frankreich lieben sie ihren Wunderstürmer, der mit seinem unnachahmlichen Antritt und seinem direkten Zug zum Tor für jede gegnerische Verteidigung eine ständige Gefahr darstellt. Bei Paris Saint-Germain, wo Mbappé seit 2017 spielt, wird er von den Fans stets umjubelt, während die Weltstars an seiner Seite, der Argentinier Lionel Messi und der Brasilianer Neymar häufig kritisch von den Fans beäugt werden. Wer seine Augen hingegen auf Mbappé richtet, der sieht einen Spieler mit unfassbarem Talent, der Explosivität, Agilität und Kreativität in sich vereint. Der beidfüßige Mbappé hat nicht nur einen sehr platzierten Abschluss, er reißt mit seiner Dribbelstärke auch Löcher für seine Teamkollegen, die er dann mit klugen Abspielen in Szene zu setzen weiß. In Anbetracht der Tatsache, dass Lionel Messi und Portugals Cristiano Ronaldo den Spätherbst ihrer Karriere erreicht haben, sollte Mbappé sich bald nachhaltig als besten Fußballer der Welt bezeichnen dürfen.

Geboren wurde Mbappé 1998 im Pariser Vorort Bondy. Sein Vater Wilfried, ein Kameruner, spielte selbst Fußball und fungierte in Bondy als Trainer. Seine Mutter, die Algerierin Fayza Lamari spielte hochklassig Handball. Das Sporttalent war Kylian Mbappé also in die Wiege gelegt, ehe er im Alter von fünf Jahren beim AS Bondy erstmals die Fußballschuhe in einem Verein schnürte. Nachdem er mit 13 Jahren im Nachwuchsleistungszentrum im Trikot des INF Clairefontaine auf sich aufmerksam gemacht hatte, wechselte er in die Jugend des AS Monaco. Von hier aus gab es nur noch eine Richtung: Steil bergauf.

Trickreich nicht nur auf dem Platz

Bereits als A-Jugendlicher feierte er für die erste Mannschaft der Monegassen im Dezember 2015 sein Debüt gegen den SM Caen, ehe er nur wenige Tage später in der Europa League gegen Tottenham Hotspur seine Premiere gab. Zwei Monate später wurde er nicht nur zum jüngsten Torschützen des AS Monaco – und löste damit Frankreichs Legende Thierry Henry ab – eine Saison später hatte Mbappé auch seinen Einfluss auf den ersten Meistertitel Monacos seit 17 Jahren. Fast schon

Kylian Mbappé mit seinem unvergleichlichen Antritt: In Russland mit 19 schon Weltmeister geworden. Was wird noch kommen? Der französische Stürmer kann der absolute Superstar der WM 2022 in Katar werden.

klar, dass sich die großen europäischen Vereine in der Folge für den Shooting Star interessierten, doch anstatt in die Ferne zu schweifen, wechselte er in einem trickreichen Transfer, um das Financial Fair Play der UEFA zu umgehen, ins Star-Ensemble von Paris Saint-Germain.

Der Spielentscheider

Längst hatte Mbappé zu diesem Zeitpunkt bereits auch seine Spuren in der Nationalmannschaft hinterlassen, für die er beim WM-Qualifikationsspiel gegen Luxemburg im März 2017 erstmals zum Einsatz kam. Mbappé wurde im Alter von 18 Jahren so zum jüngsten französischen Nationalspieler seit 62 Jahren. Beim Gewinn der Weltmeisterschaft drückte er im Folgejahr dem Wettbewerb seinen Stempel auf und ist spätestens seitdem der Zielspieler der französischen Angriffe in der Spitze, wo er oft außen aufgestellt wird, von dort aber unbändig in die Mitte zieht.

Zuletzt entschied er auch das Endspiel der Nations League zugunsten der Équipe Tricolore. Mit einem Pass wurde er gegen Spanien in den freien Raum geschickt, nahm den Ball perfekt mit, verlud Spaniens Torwart Unai Simón mit einem Übersteiger und schob dann routiniert ins leere Tor zum 2:1-Endstand ein. Doch auch bei einem Wunderstürmer läuft nicht immer alles reibungslos. Mit Paris wartet er noch immer auf den erstmaligen Gewinn der Champions League und bei der zurückliegenden Europameisterschaft verschoss ausgerechnet Mbappé den entscheidenden Elfmeter im Achtelfinale gegen die Schweiz. ✿

Kylian Mbappé

Geboren: 20. Dezember 1998 in Bondy, Frankreich
Größe: 1,78 Meter
Gewicht: 73 Kilogramm
Position: Sturm
Trikotnummer: 10 (Nationalmannschaft) 7 (Verein)
Vereine als Profi: AS Monaco (2015 bis 2017), Paris Saint-Germain (seit 2017)
Länderspiele: 53 Einsätze*
Länderspieltore: 24 Tore*

*zum Ende der WM-Qualifikation

| Stars |

Das größte Talent der Engländer

Phil Foden, der eigentlich Philipp Walter mit Vornamen heißt, ist noch jung – und hat auf dem Fußballplatz als Profi doch schon so viel Erfolg gehabt. In Katar gilt der 22-Jährige als einer der großen Hoffnungsträger der englischen Nationalmannschaft.

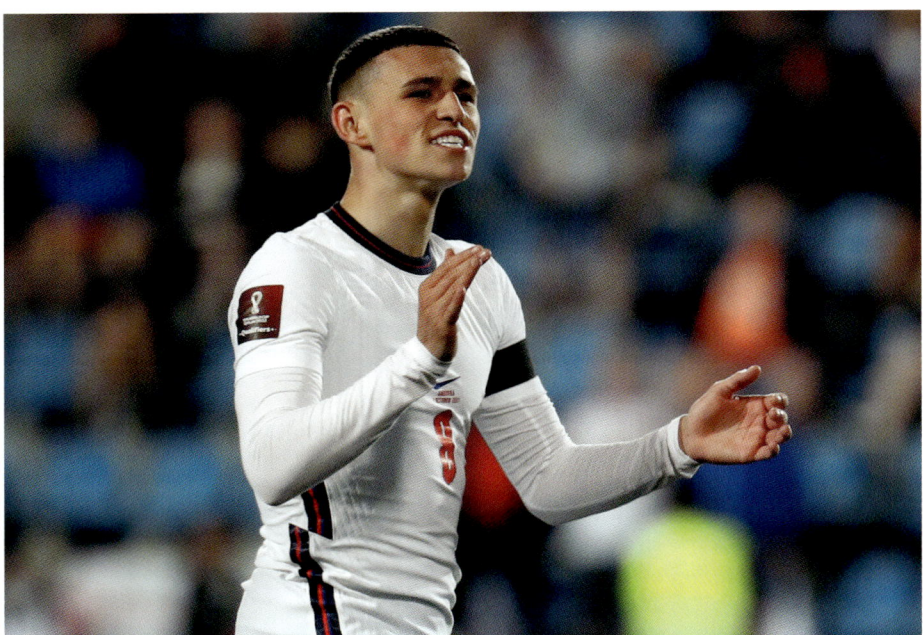

Phil Foden

Geboren: 28. Mai 2000 in Stockport, England
Größe: 1,71 Meter
Gewicht: 70 Kilogramm
Position: Mittelfeld
Trikotnummer: 11 (Nationalmannschaft) 47 (Verein)
Vereine als Profi: Manchester City (seit 2016)
Länderspiele: 13 Einsätze*
Länderspieltore: 2 Tore*

*zum Ende der WM-Qualifikation

Phil Foden debütierte am 5. September 2020 beim 1:0-Sieg gegen Island in der englischen Nationalmannschaft. Hier beim 5:0-Sieg gegen Andorra in der Qualifikation am 9. Oktober 2021.

Nach dem zweiten Platz bei der zurückliegenden Europameisterschaft ist der Hunger nach mehr groß und nach 1966 soll endlich der zweite Titel ins Mutterland des Fußballs geholt werden.

Dabei soll Foden, der quirlige Linksfuß, helfen. Im zentralen offensiven Mittelfeld, als Mittelstürmer oder auf dem linken Flügel ist Foden zuhause und hat ein unheimliches Talent sich im Eins-gegen-eins gegen seinen Gegenspieler durchzusetzen. Bereits im Alter von acht Jahren kam Foden 2009 in der Jugend von Manchester City unter.

Jüngster Meister der Liga

Seinen Durchbruch hatte er dann 2017. Zunächst mit der U17-Auswahl der englischen Nationalmannschaft, mit der er bei der Junioren-WM in Indien den Titel gewann, beim 5:2 im Finale gegen Spanien zwei Tore schoss und zum besten Spieler des Turniers gewählt wurde. Im Dezember des gleichen Jahres feierte Foden dann sein Debüt in der Premier League und gewann mit den Citizens am Saisonende die englische Meisterschaft, womit er der jüngste Spieler war, der bis dahin den Titel in der Premier League gewonnen hatte.

Privat trägt Foden bereits viel Verantwortung. Mit seiner Partnerin Rebecca Cooke hat er seit 2019 einen gemeinsamen Sohn, 2021 kam noch eine Tochter hinzu. Doch so ganz sauber ist sein Image auch nicht. Nicht nur, dass er sich in einer Pressekonferenz mit Englands Skandal-Kicker Paul Gascoigne verglich, Foden hat auch schon eine Suspendierung aus der Nationalmannschaft hinter sich, als er sich im September 2020 gemeinsam mit seinem Zimmerkumpanen Mason Greenwood Tänzerinnen aufs Hotel-Zimmer bestellte und somit mindestens gegen Corona-Auflagen verstieß.

Skandalerprobt

Um einen weiteren Skandal kam er im Februar 2022 noch einmal knapp herum. Beim Besuch eines Boxkampfes in Manchester lieferte sich nur seine Mutter Claire im Backstagebereich eine wilde Schlägerei mit mehreren Männern, nachdem diese ihren Sohn beleidigt hatten. ⚽

Immer auf Top-Niveau

Wie groß die Feier zu seinem Geburtstag ausfällt, könnte sich am Abend vorher entscheiden. Karim Benzema, Top-Stürmer der französischen Nationalmannschaft, wird am 19. Dezember 35 Jahre alt.

Einen Tag zuvor, am 18. Dezember 2022, findet das Endspiel der Weltmeisterschaft in Katar statt. Dass Frankreich zu den absoluten Turnierfavoriten zählt, liegt auch an der Rückkehr Benzemas in die Équipe Tricolore. Im März 2007 wurde der Sohn algerischer Eltern im Alter von 19 Jahren erstmals in die Nationalmannschaft berufen. Nachdem der damalige Trainer Raymond Domenech Benzema 2010 nicht für die WM nominiert hatte, avancierte er in den folgenden Jahren zum Stammspieler der Les Bleus. Erst ein Skandal, bei dem Benzema seinen Kollegen Mathieu Valbuena mit privaten Videos erpresst haben soll, beendete seine Zeit im Nationalteam 2015.

Gefürchteter Torinstinkt

Nicht der erste Fehltritt im Leben des treffsicheren Stürmers. Schon 2009 war Benzema gemeinsam mit seinem Teamkollegen Franck Ribery angeklagt, Sex mit einer minderjährigen Prostituierten gehabt zu haben. Fünf Jahre später wurde die Anklage fallengelassen, da nicht nachgewiesen werden konnte, dass Benzema und Co. vom Alter des mutmaßlichen Opfers – Zahia Dehar – gewusst hatten. Benzema bestritt sogar bis zuletzt, Dehar, die zum angegebenen Tatzeitpunkt 16 Jahre alt gewesen sein soll, überhaupt je getroffen zu haben.

Sicher ist hingegen, dass Benzema, der auf dem Platz für seinen besonderen Torinstinkt vom Gegner gefürchtet wird, seit 2009 durchgehend für Real Madrid spielt und mit den Königlichen mehrfach nationale Meisterschaft und Pokal sowie die Champions League gewonnen hat. Im Juni 2021 beorderte ihn Nationalcoach Didier Deschamps wieder zurück in den französischen Kader, der mit Benzema prompt die Nations League gewann. Im Finale gegen Spanien traf Benzema dann mit einem sehenswerten Schlenzer zum zwischenzeitlichen Ausgleich.

Auch privat läuft mittlerweile alles in weniger anstößigen Gefilden – seit 2017 ist Benzema mit Cora Gauthier verheiratet und hat mit ihr einen gemeinsamen Sohn.

Karim Benzema

Geboren: 19. Dezember 1987 in Lyon, Frankreich
Größe: 1,85 Meter
Gewicht: 81 Kilogramm
Position: Sturm
Trikotnummer: 19 (Nationalmannschaft), 9 (Verein)
Vereine als Profi: Olympique Lyon (2004 bis 2009), Real Madrid (seit 2009)
Länderspiele: 94 Einsätze*
Länderspieltore: 36 Tore*

*zum Ende der WM-Qualifikation

Welttorhüter mit deutschen Wurzeln

Als Alisson Becker, kurz nur Alisson genannt, 2016 von Brasilien aus zum AS Rom nach Italien wechselte, musste er sich zunächst hinter Wojciech Szczęsny auf die Bank setzen.

Doch die Zeiten, in denen sich der brasilianischer Nationaltorhüter hinter anderen verstecken muss, sind längst vorbei. Eine Saison später, nachdem Alisson seinen Konkurrenten Szczęsny als Nummer eins im Tor der Römer abgelöst hatte, wurde er bereits zum besten Torhüter der Serie A gewählt und folgte dem Ruf des FC Liverpool mit Trainer Jürgen Klopp auf die Insel. Die kolportierten 75 Millionen Euro sind die höchste Ablösesumme, die je für einen Torhüter geflossen sind. Nicht ohne Grund – schon 2019 wurde Alisson Welttorhüter und landete 2020 auf Platz zwei hinter Manuel Neuer.

Versierter Techniker mit dem Fuß

Apropos Neuer: Alisson ist dem deutschen Ausnahmetorhüter in seinen Anlagen sehr ähnlich. Alissons Stärken sind dabei so vielseitig, dass er als kompletter Tormann gilt. Trotz seiner robusten Statur ist er agil und athletisch, zeigt herausragende Reflexe auf der Linie und beherrscht seinen Strafraum bei Flanken. Noch stärker ist Alisson aber, wenn es darum geht, gegnerische Angriffe als »Libero« hinter seiner Abwehr abzufangen. Mit weiten Abwürfen und präzisen Abschlägen leitet er zudem in aller Regelmäßigkeit schnelle Gegenangriffe seiner Mannschaft ein. Außerdem verfügt Alisson über eine ausgeprägte Technik mit dem Ball am Fuß.

»Der Deutsche« aus dem Süden

Geboren wurde Alisson, der seit 2019 mit der brasilianischen Ärztin Natalia Loewe verheiratet ist und drei Kinder hat, in Novo Hamburgo, tief im Süden Brasiliens nahe Porto Alegre. Im 19. Jahrhundert waren sein Vorfahren aus dem Saarland ausgewandert, noch Alissons Vater, der 2021 in einem See ertrank, sprach deutsch. »The German« ist dabei nur einer von mehreren Spitznamen Alissons. Die brasilianischen Medien verwenden gerne »O Goleiro Gato«, aufgrund seiner katzenartigen Paraden auf der Linie, sowie »The Messi of Goalkeepers« aufgrund seiner guten Technik. Sein Liverpooler Teamkollege Virgil van Dijk nennt ihn hingegen »The Holy Goalie«, weil der gläubige Alisson in seinem privaten Pool Taufen durchführt.

Alisson

Geboren: 2. Oktober 1992 in Novo Hamburgo, Brasilien
Größe: 1,91 Meter
Gewicht: 91 Kilogramm
Position: Torhüter
Trikotnummer: 1 (Nationalmannschaft und Verein)
Vereine als Profi: Internacional Porto Alegre (2013 bis 2016), AS Rom (2016 bis 2018), FC Liverpool (seit 2018)
Länderspiele: 51 Einsätze*
Länderspieltore: 0 Tore*

*zum Ende der WM-Qualifikation

Allison überzeugt nicht nur mit Reflexen auf der Linie. Er ist ein technisch versierter Torhüter mit überragender Spieleröffnung. Er wurde Welttorhüter 2019.

| Stars |

Verspäteter Ruhm

Lange musste Robert Lewandowski auf seine Anerkennung warten, zu groß waren die internationalen Schatten von Cristiano Ronaldo und Lionel Messi, die Lewandowski vom Lichte des Ruhms fernhielten.

Doch 2020 führte kein Weg mehr an der Wahl des Stürmers zum FIFA-Weltfußballer des Jahres vorbei. Lewandowski hatte insgesamt 41 Tore in der Bundesliga erzielt und damit den Rekord von Gerd Müller aus der Saison 1971/1972 gebrochen. Es gibt schon lange keinen anderen Stürmer in der Bundesliga mehr, der dem Polen das Wasser reichen kann – Lewandowski wurde sechsmal in den vergangenen acht Spielzeiten Torschützenkönig und wird wohl eine weitere Torjägerkanone zum Ende der Saison 2021/2022 einheimsen. »Lewy« ist längst ein Spieler, über den die Fußballfans noch in Jahr-

Robert Lewandowski ist seit 2014 Kapitän der polnischen Nationalmannschaft.

Robert Lewandowski

Geboren: 21. August 1988 in Warschau, Polen
Größe: 1,85 Meter
Gewicht: 81 Kilogramm
Position: Sturm
Trikotnummer: 9 (Nationalmannschaft und Verein)
Vereine als Profi: Delta Warschau (2005), Legia Warschau II (2005 bis 2006), Znicz Pruszków (2006 bis 2008), Lech Posen (2008 bis 2010), Borussia Dortmund (2010 bis 2014), Bayern München (seit 2014)
Länderspiele: 129 Einsätze*
Länderspieltore: 75 Tore*

*zum Ende der WM-Qualifikation

zehnten sprechen werden. Das gilt auch für sein Ansehen in seinem Heimatland Polen und in der polnischen Nationalmannschaft. In Katar will Lewandowski bei seiner zweiten WM-Teilnahme nun auch sein erstes WM-Tor erzielen, in Russland 2018 zeichneten sich noch Grzegorz Krychowiak und Jan Bednarek für die beiden polnischen WM-Treffer verantwortlich. Und Polen wird Lewandowski-Tore benötigen, um an alte Erfolge, wie die dritten Plätze von 1974 und 1982, anzuknüpfen.

Beidfüßig und Kopfballstark

Der aus einer Sportlerfamilie stammende Lewandowski, sein Vater Krzysztof war polnischer Judo-Meister, Mutter Iwona spielte professionell Volleyball, gilt als kompletter Stürmer. Seine Schwester Milena spielte ebenfalls hochklassig Volleyball und seine Frau Anna gewann 2009 WM-Bronze im Karate. Mit seiner disziplinierten Lebensweise ordnet der Stürmer alles dem Profi-Fußball unter. Auf dem Platz ist der Vater zweier Töchter mit seinem Torinstinkt und seinem präzisen Abschluss eine ständige Gefahr in des Gegners Strafraum. Der gläubige Katholik ist beidfüßig und auch mit dem Kopf zur Stelle. Zudem glänzt der Pole mit technischen Fähigkeiten und kann sich auf engstem Raum im offensiven Zweikampf gegen seine Gegner durchsetzen.

DIE STADIEN

Die Bucht von Doha mit Skyline – Hauptstadt von Katar

| Die Stadien |

Ahmed bin Ali Stadium

Bereits im Jahre 2003 feierte das Ahmed bin Ali Stadium seine Eröffnung, bot 21.282 Zuschauern Platz und war die Heimspielstätte der Nationalmannschaft Katars.

Nach dem Abriss 2015 und dem folgenden Neubau an gleicher Stelle weist das neue Stadion bei der Weltmeisterschaft insgesamt 40.740 Sitzplätze auf. Nach der Endrunde sollen die Oberränge jedoch zurückgebaut und das Fassungsvermögen so wieder auf nahezu die alte Größe reduziert werden. Dann sollen noch 21.000 Menschen im Ahmed bin Ali Stadium Platz finden und die abmontierten Teile in Fußball-Entwicklungsländer weitergegeben werden.

Aus den Trümmern neu gebaut
Nachhaltigkeit stand beim Neubau des Stadions in Al-Rayyan, der größten Stadt Katars in direkter Nähe zur Hauptstadt Doha, im Fokus. So wurden etwa 90 Prozent der Trümmer des alten Runds für das neue Stadion sowie öffentliche Kunstprojekte wiederverwendet. Hochmodern präsentiert sich der Bau nun dem Weltpublikum. Die Muster der Fassade und Deko-Elemente um das Stadion herum sollen charakteristische Aspekte des Gastgeberlandes darstellen: Den Wert der Familie, Flora und Fauna, Katar als Handelspartner sowie die Schönheit der Wüste. Das Stadion erleuchtet dank einer Membran-Außenwand in verschiedenen Farben, dort sollen die Gäste zudem mit Nachrichten, Werbespots und aktuellen Turnierinformationen versorgt werden.

Test erfolgreich bestanden
Seine Neueröffnung feierte das Stadion, das im Volksmund einfach Al Rayyan Stadium genannt wird, am 18. Dezember 2020 zum Nationalfeiertag Katars und somit exakt zwei Jahre vor dem WM-Endspiel. Zwei Monate darauf bestand die neue Arena ihren ersten internationalen Test bei der FIFA-Klub-Weltmeisterschaft, bei der der FC Bayern München den Titel gewann.

Info
Name Ahmed bin Ali Stadium
Ort: Al-Rayyan (etwa 600.000 Einwohner, gehört zur Metropolregion Doha)
Kapazität: 40.740 Sitzplätze (alle im Schatten)
Eröffnung: 18. Dezember 2020
WM-Spiele: Sechs Gruppenspiele und ein Achtelfinalspiel (Sieger Gruppe C – Zweiter Gruppe D)
Vereine: Al-Rayyan SC, Al-Kharitiyath SC, Al-Jaish SC

Lusail Stadium

Info

Name: Lusail Stadium
Ort: Lusail (Planstadt, auf 200.000 Einwohner ausgelegt)
Kapazität: 80.000 Sitzplätze
Eröffnung: 22. November 2021
WM-Spiele: Sechs Gruppenspiele sowie jeweils ein Achtelfinal- (Sieger Gruppe H – Zweiter Gruppe G), ein Viertelfinal- (Sieger AF1 – Sieger AF2), ein Halbfinalspiel (Sieger VF2 – Sieger VF1) sowie das Endspiel.
Vereine: /

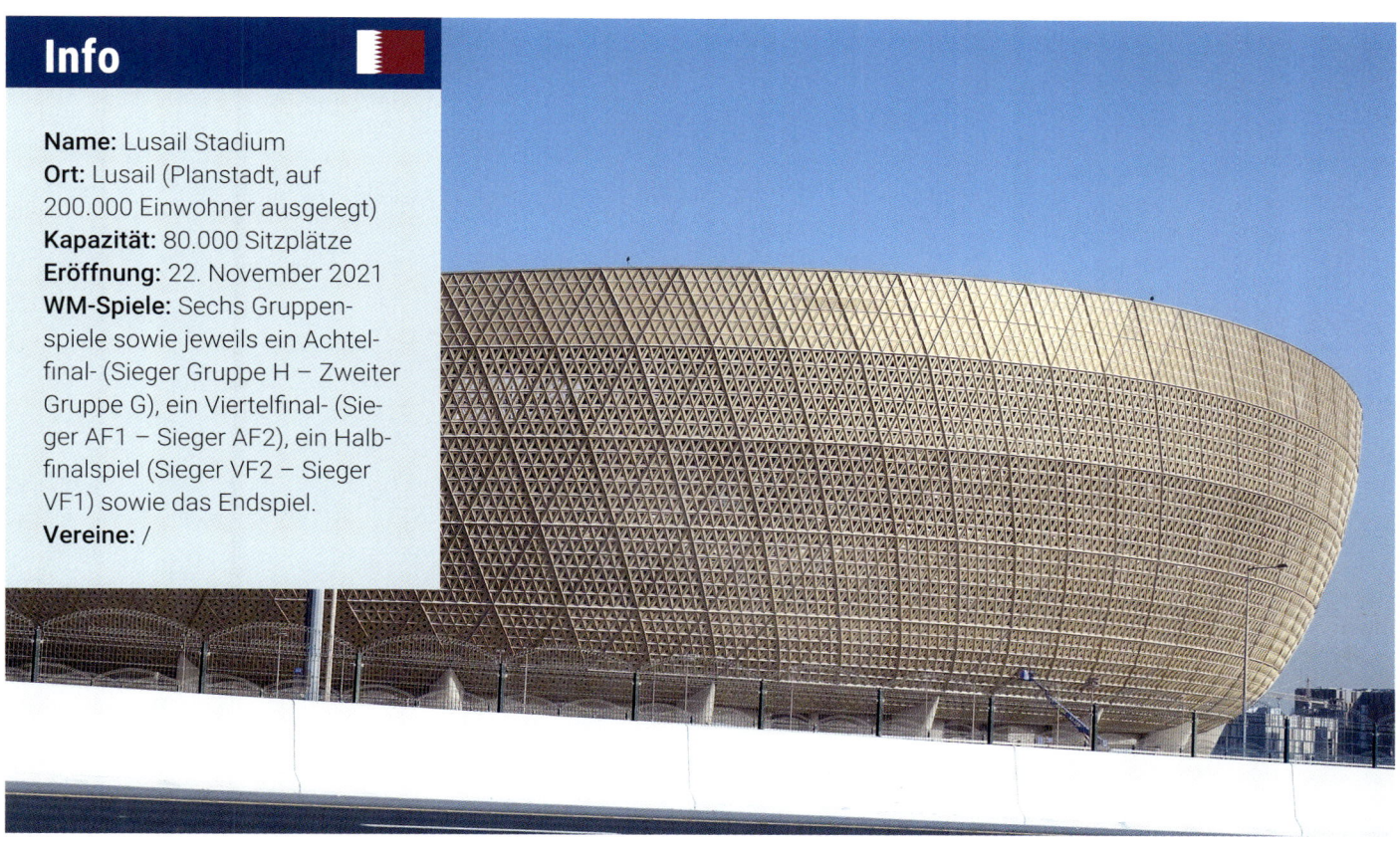

Wer sich dem Lusail Stadium nähert, wird von der Pracht und Anmut begeistert sein. Das Lusail Stadium ist die größte Arena dieser Weltmeisterschaft und bietet 80.000 Menschen offiziell Platz.

Es passen sogar bis zu 6.000 zusätzliche Zuschauer in das Rund, das der traditionellen arabischen Fanar-Laterne nachempfunden ist, wenn diese mit Sichteinschränkungen durch beispielsweise Werbebanden einverstanden sind.

Das Finalstadion hätte kein passenderes Antlitz erhalten können. Die geschwungene Form der matten goldenen Fassadenelemente reflektieren im Sonnenlicht zwar gedämpft, doch vermitteln sie einen stets erleuchteten Eindruck, der in der Dunkelheit durch eine Illumination ersetzt wird. Das Dach ragt hoch hinaus, bildet so einen Kessel, der den Zuschauern Schatten spendet, aber genug Licht auf das Spielfeld fallen lässt. Zudem fangen die hohen Wände und die moderne Dachkonstruktion die Stimmungen auf den Rängen perfekt ein und unterstützen einen Widerhall.

Spiele bis zum Ende

Errichtet wurde das Stadion in Lusail, einer Planstadt etwa 15 Kilometer nördlich der Hauptstadt Doha. Lusail soll nach der Weltmeisterschaft der Vorzeigestadtteil Dohas werden und mit der Metropole verwachsen. Entsprechend werden die Sitzplätze des zentral gelegenen Stadions in weiten Teilen nach der Endrunde zurückgebaut, unter dem Dach entsteht dann ein Gemeinschaftszentrum mit Cafés, Restaurants, Schulen, Geschäften, Sportstätten und gesundheitlichen Einrichtungen.

Das Lusail-Stadion wird die Fans das ganze Turnier über begleiten. Neben sechs Spielen in der Vorrunde findet hier in jeder K.o.-Runde eine weitere Partie – einschließlich des Endspiels am 18. Dezember – statt. Übrigens: In Lusail verbrachte Scheich Jassim bin Mohammed Al-Thani einen Großteil seines Lebens, hier starb er auch und wurde beigesetzt. Der Scheich, der insgesamt 56 Kinder zeugte, lebte von 1825 bis 1913 und ist der Gründer Katars.

| Die Stadien |

Khalifa International Stadium

Info

Name: Khalifa International Stadium
Ort: Ar-Rayyan (etwa 600.000 Einwohner)
Kapazität: 40.000 Sitzplätze
Eröffnung: 1976 (letzte Renovierung 2014 bis 2017)
WM-Spiele: Sechs Gruppenspiele sowie jeweils ein Achtelfinale (Sieger Gruppe A gegen Zweiter Gruppe B) und das Spiel um Platz drei
Vereine: /

Das älteste Stadion dieser Weltmeisterschaft wurde bereits 1976 mit einem Fassungsvermögen von 20.000 Zuschauern eröffnet.

Zur WM 2022 wurde es aber umfangreich renoviert und bietet nunmehr 40.000 Menschen Platz. Trotz der Arbeiten und dem neuen Dach, dass das Rund erhalten hat, blieben die beiden charakteristischen Bögen des Stadions erhalten. Neu ist zudem eine digitale Flutlichtanlage samt LED Spielfeldbeleuchtung. Eingebettet ist das Stadion in einen Park mit Gärten und angelegten Gehwegen, die zum Innehalten einladen.

Heim sportlicher Großereignisse

Das Khalifa International Stadium liegt nicht nur zentral in Ar-Rayyan westlich der Hauptstadt Doha und ist direkt mit der Metro zu erreichen, es ist auch das Zentrum des Fußballs in Katar. In der Peripherie des Stadions befindet sich mit einer Größe von etwa 250 Hektar die Aspire-Zone, wo es mit dem Dome die größte überdachte Sportstätte der Welt gibt. In der dort ansässigen Akademie werden die größten sportlichen Talente Katars gefördert, zudem gilt die Akademie auch als herausragende Trainingsstätte für internationale Spitzensportler. Direkt neben dem Stadion befindet sich der Aspire Tower, das mit 318 Metern höchste Gebäude Katars. Der Turm, der ein Hotel, Swimming Pools und ein Drehrestaurant beherbergt, ähnelt einer Olympischen Fackel und wurde zu den Asienspielen 2006 eingeweiht.

Im Khalifa trägt auch die katarische Nationalmannschaft traditionell ihre Heimspiele aus. Außerdem wurden hier schon mehrere sportliche Großereignisse ausgetragen, darunter die Leichtathletik-WM 2019 und die FIFA-Klub-WM des gleichen Jahres, die der FC Liverpool im Finale gegen Flamengo Rio de Janeiro gewann. Neben sechs Gruppenspielen werden im Khalifa International Stadium auch ein Achtelfinale sowie das Spiel um Platz drei ausgetragen.

Al Bayt Stadium

Am 21. November 2022 wird Gastgeber Katar die Weltmeisterschaft im Al Bayt Stadium in Al-Khor eröffnen. Das zweitgrößte Stadion der WM-Endrunde bietet während des Turniers 60.000 Zuschauern Platz.

Doch nicht nur die Dachkonstruktion wirft Schatten auf die Arena. Amnesty International erkannte auch beim Bau des Al-Bayt-Stadions menschenunwürdige Bedingungen, Gastarbeiter sollen über Monate keinen Lohn erhalten haben und mit Prügel zur Arbeit gezwungen worden sein. Zwei Arbeiter sollen zudem vor den Augen weiterer Arbeiter tot zusammengebrochen sein.

Ein Nomadenzelt als Vorbild

Wenn die Endrunde im nördlichsten WM-Standort angepfiffen wird, dürften derlei Makel allerdings viel zu schnell in Vergessenheit geraten sein. Fünf Sterne erhielt das Stadion von der Golf Organisation für Forschung und Entwicklung für seine nachhaltige Bauweise. Denn auch das Al-Bayt-Stadion soll nach der WM zurückgebaut werden. Rund um das dann nur noch 32.000 Zuschauer fassende Rund entstehen dann durch die Bauteile ein Hotel sowie ein Einkaufs- und Sportzentrum.

Info

Name: Al Bayt Stadium
Ort: Al-Khor (etwa 90.000 Einwohner)
Kapazität: 60.000 Sitzplätze (überwiegend Schattenplätze)
Eröffnung: 30. November 2021
WM-Spiele: Sechs Gruppenspiele sowie jeweils ein Achtelfinal- (Sieger Gruppe B – Zweiter Gruppe A), ein Viertelfinal- (Sieger AF3 – Sieger AF4) und ein Halbfinalspiel (Sieger VF3 – Sieger VF4)
Vereine: Al-Khor SC

Optisch erinnert das Al-Bayt ganz bewusst an ein Nomadenzelt und verweist somit, wie auch der Stadionname, auf ursprüngliche Volksstämme aus der Golfregion – Bayt Al Sha'ar heißen die transportablen Behausungen der wandernden Völker. Sogar die schwarzen »Sadu-Streifen« finden sich im Design der Fassade wieder. Einen Weltrekord hat das Stadion auch schon inne: 40 – zum großen Teil – ausländische Experten verlegten am 27. April 2019 den Rasen in nur sechs Stunden und 41 Minuten und blieben damit etwa zweieinhalb Stunden unter dem vorherigen Rekord. Nach dem Eröffnungsspiel werden noch acht weitere Partien in der 90.000-Einwohner-Stadt ausgetragen, darunter ein Halbfinale.

| Die Stadien |

Al Janoub Stadium

Geschmäcker sind verschieden, doch das Al-Janoub Stadion in der Hafenstadt Al-Wakrah gehört seit seiner Fertigstellung 2019 zu den schönsten Stadien weltweit.

Die Architektur des Baus ist den traditionellen Dhau-Booten nachempfunden und bietet während der Weltmeisterschafts-Endrunde 40.000 Zuschauern einen Sitzplatz. Insgesamt werden im Al-Janoub sieben WM-Partien ausgetragen, sechs davon in der Vorrunde sowie ein Achtelfinale. Auch das Al-Janoub-Stadion soll nach der Weltmeisterschaft auf 20.000 Plätze zurückgebaut werden, der Verein Al-Wakrah SC das Rund in der Zeit nach der WM als Heimspielstätte nutzen.

Weltberühmte Architektin

Al-Wakrah ist historisch eine von Fischern und Perlentauchern bewohnte Region im Süden der katarischen Halbinsel, gute 20 Kilometer vom Zentrum Dohas entfernt. Die Dhau-Segelboote kamen und kommen unter diesen Bewohnern bei der täglichen Arbeit zum Einsatz und sind in den Strömungen des Persischen Golfs zu beobachten. Die Architektin Zaha Hadid wurde bei der Stadioneröffnung am 16. Mai 2019 zum Finale des Emir-Cups für den Entwurf des Stadions, dass mit seinen weichen Linien, fließenden Kurven und seinem harmonischen Design eine unverwechselbare Optik besitzt, posthum geehrt.

Info

Name: Al Janoub Stadium
Ort: Al-Wakrah (etwa 100.000 Einwohner)
Kapazität: 40.000 Sitzplätze
Eröffnung: 16. Mai 2019
WM-Spiele: Sechs Gruppenspiele und ein Achtelfinalspiel (Sieger Gruppe E – Zweiter Gruppe F)
Vereine: Al-Wakrah SC

Sport im Park

Doch nicht nur die Außenansicht erinnert an traditionelle Wasserfahrzeuge, im Stadion lässt eine Balkenkonstruktion, die an das Innere von Schiffsrümpfen angelehnt ist, Licht in die Arena hineinfließen. Umgeben ist das Stadion von einer Parklandschaft, die in ein modernes Trainingszentrum mündet. Sporthallen, Fitnessstudios, Tennisplätze und Basketballspielfelder finden sich in der Peripherie ebenso wie angelegte Radwege und Pisten für Langstreckenläufer. Eine Schule, etliche Einzelhandelsgeschäfte sowie mehrere Hotels und Museen bieten Anwohnern und Besuchern ein attraktives Freizeitangebot. Insbesondere in den Abendstunden lädt die nahe Uferpromenade zum Schlendern und Verweilen ein.

| Die Stadien |

Education City Stadium

Der Name ist Programm. Das Education City Stadium ist inmitten weltweit führender Universitäten errichtet, in denen Spitzenforschung betrieben wird.

Entsprechend modern ist auch das Design der Arena, die während der Weltmeisterschaft 40.000 Zuschauern Platz bietet, ehe auch dieses Stadion auf ein Fassungsvermögen von 20.000 Zuschauern nach der WM zurückgebaut wird.

Bei der Ankunft am Stadion werden die Fans und Zuschauer von etlichen Grünanlagen und modernen Einrichtungen empfangen. Viele Bäume bieten rund um das Stadion, bei dem im Studierendenviertel besonders auf Barrierefreiheit geachtet wurde, ausreichend Schatten. Neben Fußballfeldern und einem Golfplatz können auch etliche Geschäfte besucht werden. Die Anreise empfiehlt sich dabei mit der U-Bahn, befindet sich das Areal doch nur etwa zwölf Kilometer vom belebten Zentrum Dohas entfernt. Wer mit dem PKW anreist, dem steht einer der insgesamt 1.600 Parkplätze zur Verfügung. Die Architektur des Stadions ist hochmodern, steile Tribünen umranden das Spielfeld und unterstützen mit ihrem Schatten das in allen Stadien der WM-Endrunde gängige Kühlsystem.

Heimat der Frauen-Nationalelf

Die Architekturgeschichte der Region trifft hier auf eine moderne Interpretation. Rauten und Dreiecke bilden eine umfassende Fassade, die das Sonnenlicht, je nach Stand, in unterschiedlichen Farben widerspiegelt, ehe das Stadion in der Dunkelheit mit einem Lichtspiel illuminiert wird. 20 Prozent der Baumaterialien werden als umweltfreundlich eingestuft, womit das Education City Stadium, das fünf Sterne im globalen Nachhaltigkeitsbewertungssystem erhielt, als eines der umweltfreundlichsten weltweit gilt. Sechs Gruppenspiele sowie zwei K.o.-Partien finden hier während der Weltmeisterschaft statt. Nach der WM-Endrunde soll es das Heimspielstadion der katarischen Frauen-Nationalmannschaft werden.

Info

Name: Education City Stadium
Ort: Ar-Rayyan (etwa 600.000 Einwohner)
Kapazität: 40.000 Sitzplätze (überwiegend Schattenplätze)
Eröffnung: 15. Juni 2020
WM-Spiele: Sechs Gruppenspiele sowie jeweils ein Achtelfinal- (Sieger Gruppe F – Zweiter Gruppe E) und ein Viertelfinalspiel (Sieger AF5 – Sieger AF6)
Vereine: /

Al Thumama Stadium

Bei der Bewerbung Katars für die Ausrichtung der Weltmeisterschaft 2022 war das Al-Thumama-Stadion noch gar nicht vorgesehen. Erst 2015 wurde der Standort benannt und erst im März 2017 starteten die Bauarbeiten im gleichnamigen Bezirk Dohas.

Wie alle anderen Stadien dieser WM-Endrunde befindet sich das Stadion überirdisch, was im Falle des Al-Thumama-Stadions mehr als nur eine Randnotiz ist. Denn bereits 2008 war an gleicher Stelle und noch vor der WM-Bewerbung ein unterirdisches Stadion geplant, um den klimatischen Bedingungen des Standortes gerecht zu werden. Das Wall Stadium hätte allerdings nur 11.000 Zuschauern Platz geboten und war in seiner Planung so nicht WM-tauglich.

Außenfassade mit Ornamenten

Das Al-Thumama-Stadion bietet nun 40.000 Menschen Platz und ist in seiner Architektur der Takke-Kopfbedeckung nachempfunden, die von muslimischen Männern traditionell zum Gebet getragen wird. Entsprechend rund ist das Rund auch im Süden Dohas inmitten eines neuen Wohnviertels errichtet und schmiegt sich in ein Sportzentrum mit acht weiteren Fußballfeldern und Anlagen für etliche weitere Sportarten harmonisch ein. Aufwendige Ornamente schmücken die Außenfassade. Entworfen wurde das Stadion vom Arab Engineering Bureau, einem der ältesten und renommiertesten Architekturbüros des Landes.

Auch das Al-Thumama-Stadion wird nach der Endrunde auf 20.000 Plätze zurückgebaut. Anstelle der Oberränge entstehen dann dort VIP-Logen und ein Hotel mit Blick auf das Spielfeld. Zudem soll eine Zweigstelle der Aspetar-Sportkliniken ihren Platz finden. Das Stadion wird bis zum Viertelfinale als Austragungsort Gastgeber für insgesamt acht WM-Spiele sein. Eröffnet wurde das Al-Thumama am 22. Oktober 2021 zum Finale des Emir of Qatar Cups zwischen dem Al-Sadd Sport Club und dem Al-Rayyan SC unter den Augen von Staatsoberhaupt Tamim bin Hamad Al-Thani und FIFA-Präsident Gianni Infantino. ⚽

Info

Name: Al Thumama Stadium
Ort: Doha (etwa eine Million Einwohner)
Kapazität: 40.000 Sitzplätze
Eröffnung: 22. Oktober 2021
WM-Spiele: Sechs Gruppenspiele sowie jeweils ein Achtelfinal- (Sieger Gruppe D – Zweiter Gruppe C) und ein Viertelfinalspiel (Sieger AF7 – Sieger AF8)
Vereine: /

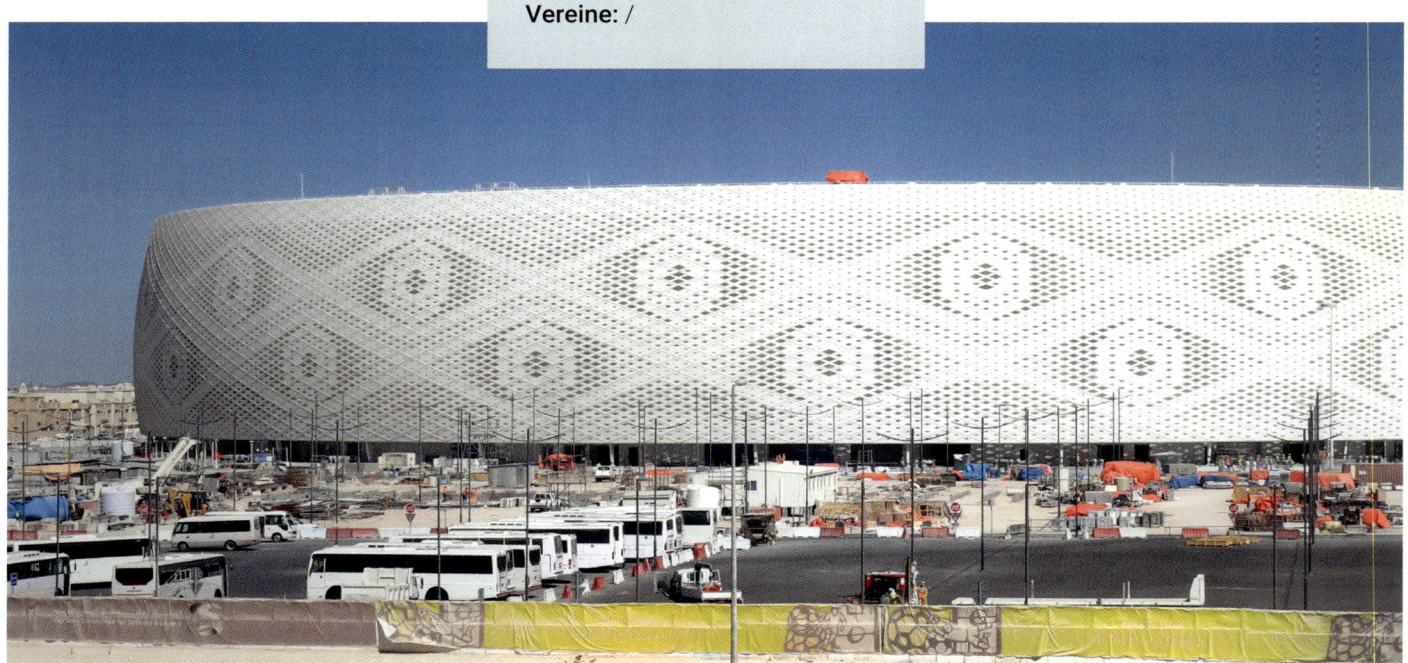

Stadium 974

Das Stadium 974 ist wohl das ungewöhnlichste Stadion der Weltmeisterschaft von 2022. Neben einem Grundgerüst aus Stahlträgern besteht die Arena in Anlehnung an die Landesvorwahl Katars aus 974 Schiffscontainern.

Von außen betrachtet verleihen sie dem Bau eine farbenreiche Bausteineoptik. Das 974 liegt direkt in der Landeshauptstadt Doha und unweit des Hafens, in dem aber weniger Container- als Kreuzfahrtschiffe täglich an- und abfahren.

Anders als die anderen Stadien dieser Weltmeisterschaft wird das Stadium 974, das während seiner Bauphase noch gemäß dem Stadtteil »Ras Abu Aboud Stadium« genannt wurde, nach den WM-Spielen wieder komplett demontiert. Die Container werden dann ihrem eigentlichen Zweck zurückgeführt und andere Bauelemente wie Sitzschalen oder Teile der Dachkonstruktion anderen Stadionbauprojekten in verschiedenen Ländern zur Verfügung gestellt. Schade eigentlich, denn aufgrund seiner modularen Bauweise könnte das Stadion an jedem Ort der Welt in gleicher Form erneut errichtet werden – einzigartig in der WM-Geschichte und vor allem kosteneffizient. Während vom Spielfeld aus nichts von den Containern zu sehen ist, sind diese in den Katakomben allgegenwärtig. So sind beispielsweise Toiletten wie Verpflegungsstände in den Containern untergebracht, aber auch Gebetsräume.

Promenieren statt Fußball

Insgesamt 40.000 Zuschauer werden jeweils sechs Spiele der Vorrunde sowie ein Achtelfinale im Stadium 974 sehen können. Seine Feuertaufe bestand das Stadion bereits zu seiner Eröffnung ein Jahr vor WM-Beginn. Im Rahmen des FIFA-Arabien-Pokals wurden sechs Spiele im Stadium 974 ausgetragen. Im Spiel um Platz drei feierte Katar einen 5:4-Heimerfolg im Elfmeterschießen gegen Ägypten. Das Eröffnungsspiel hatten die Vereinigten Arabischen Emirate und Syrien bei einem 2:1 für die Emirate gegeneinander bestritten. Nach dem Abbau des Stadions soll der gewonnene Freiraum des 450.000-Quadratmeter-Geländes für die Errichtung von Grünanlagen sowie Freizeiteinrichtungen und für eine Uferpromenade genutzt werden.

Info

Name: Stadium 974
Ort: Doha (etwa eine Million Einwohner)
Kapazität: 40.000 Sitzplätze
Eröffnung: 30. November 2021
WM-Spiele: Sechs Gruppenspiele sowie jeweils ein Achtelfinalspiel (Sieger Gruppe G – Zweiter Gruppe H)
Vereine: /

WM-GESCHICHTE

1974 im Olympiastadion in München: Kapitän Franz Beckenbauer (links) und Uli Höness beim Freistoß

| WM-Geschichte |

Mit den Taschen voller Geld

Weltweite Begeisterung, Weltstars auf engstem Raum versammelt, Umsätze in Milliardenhöhe, Glanz und Gloria, Prunk und Protz. Wenn man heutzutage an eine Fußball-Weltmeisterschaft denkt, dann weiß man, dass man es neben den Olympischen Spielen mit dem größten Sportereignis der Welt zu tun hat. Doch das war einmal anders. Fußball-Weltmeisterschaften sind noch keine 100 Jahre alt. Alles begann mit einem Rinderzüchter aus Montevideo.

Bis zur WM-Premiere im Jahre 1930 war es ein weiter Weg. Bis dahin waren die Turniere bei Olympischen Spielen die größten Fußball-Ereignisse auf dem Erdball und hatten aufgrund der internationalen Begegnungen am ehesten den Charakter von Weltmeisterschaften. Dabei war das Fußball-Turnier, an dem ab 1908 bei jeden Olympischen Spielen immer mehr Nationen teilnahmen, dem Olympischen Komitee ein Dorn im Auge. Für sie war Fußball nur ein Spiel zur Unterhaltung, kein Wettkampf im klassischen Sinne. Zudem verdienten Fußballer in Südamerika zu diesem Zeitpunkt schon Geld mit ihrem Sport und gal-

> »Kein argentinischer Revolver im Centenario!«
>
> Der belgische Final-Schiedsrichter bestand auf Leibwachen im Centenario-Stadion aufgrund der heißblütigen Fans beider Lager.

1930 Uruguay: Luftbild des ersten Fußball-Weltmeisterschafts-Finales zwischen Uruguay und Argentinien im Estadio Centenario in Montevideo

| WM-Geschichte |

Jules Rimet: Der Franzose war FIFA-Präsident von 1921–1954. Neben dem Uruguayer Rinderzüchter und Diplomaten Enrique Buero war er die treibende Kraft für die Ausrichtung der Weltmeisterschaft 1930.

ten somit nicht mehr als reine Amateure, was dem olympischen Gedanken widersprach.

Zum Ärger der Europäer

In den 1920er Jahren war Uruguay das Maß aller Dinge im internationalen Fußball. Bei den Olympischen Spielen 1924 in Paris und 1928 in Amsterdam hatten die Südamerikaner jeweils die Goldmedaille gewonnen. Parallel zu diesen Titeln schmiedete ein Rinderzüchter aus Montevideo Pläne für ein weltweites Fußballturnier abseits Olympias. Gemeinsam mit dem damaligen FIFA-Präsidenten Jules Rimet arbeitete der Mäzen an dem Projekt und als das IOC nach den Spielen von Amsterdam über den Ausschluss der Fußballer vom olympischen Turnier nachdachte, war die Zeit für konkrete Taten gekommen. Beim FIFA-Jahreskongress im Mai 1929 beschloss der Weltverband die Einrichtung von Weltmeisterschaften. Doch bis es tatsächlich ein Jahr später in Uruguay als Gastgeber soweit war, waren noch einige Hürden zu überwinden. Neben Urugu-

Aus 92 Jahren WM-Geschichte

1930
Der göttliche Einhändige
Bei der WM 1930 gehörte Hector Castro zu den besten Spielern Uruguays. Dabei verfügte der lediglich 1,69 Meter große Stürmer über nur eine Hand. Seine zweite hatte der gelernte Zimmermann im Alter von 13 Jahren an einer Säge verloren. Castro, den sie den »El divino manco« (Der göttliche Einhändige) nannten, erzielte nicht nur das erste WM-Tor Uruguays im Auftaktspiel gegen Peru, im Finale gegen Argentinien setzte er mit seinem Treffer zum 4:2 auch den Schlusspunkt.

1934
DFB verzichtet auf »König Richard«
Wäre für Deutschland 1934 bereits der erste WM-Titel möglich gewesen, hätte der DFB seinen eigenen Topstar nicht gesperrt? Richard Hofmann hatte 1927 für Deutschland debütiert und gehörte in der Folge zu den besten Fußballern weltweit. Doch nachdem der Stürmer des Dresdner SC 1933 seine Popularität nutzte, um in Lebensgröße für Zigaretten Werbung zu machen, erkannte der DFB einen Verstoß gegen das Amateurstatut und warf Hofmann für zwei Jahre aus der Nationalmannschaft. Deutschland schied im Halbfinale aus und viele Fans glaubten lange, dass mit Hofmann der WM-Titel möglich gewesen wäre.

1950
Indien sagt kurzfristig ab
Bis heute hat eins der bevölkerungsreichsten Länder der Erde nie an einer Endrunde teilgenommen. Dabei war Indien für die WM 1950 – wenn auch kampflos – qualifiziert. Doch zwei Tage vor der Auslosung zog der indische Verband seine Teilnahme ohne offizielle Angabe von Gründen zurück. Vorangegangen war ein Streit mit der FIFA, die den Indern vorschrieb, bei den WM-Spielen Schuhe tragen zu müssen. Zuvor, bei den Olympischen Spielen 1948, hatten die Inder noch barfuß oder mit Fußbandagen gespielt, die FIFA pochte aber auf ihr eigenes Regelwerk.

1958
Die Folgen der Schlacht von Göteborg
Die Deutschen sind schlechte Verlierer. Nachdem der Titelverteidiger der WM von 1954 vier Jahre später im Halbfinale mit 1:3 gegen Gastgeber Schweden ausgeschieden war,

| WM-Geschichte |

mochten es die deutschen Fußballfans nicht wahrhaben. Schwedische Touristen wurden in der Folge in Deutschland angepöbelt, bekamen keinen Sprit verkauft oder gleich die Reifen ihrer Autos zerstochen. Auch schwedische Gerichte verschwanden aus den Angeboten zahlreicher Restaurants. Als Grund wurde der Platzverweis für Erich Juskowiak ausgemacht, der in den Augen vieler Deutscher nur wegen der von den Schweden verursachten euphorischen Stimmung im Stadion vom Platz gestellt worden war.

1962
Madame Chavelas
Bei der Weltmeisterschaft in Chile wollte der Mannschaftsarzt des brasilianischen Nationalteams auf Nummer sicher gehen und untersuchte insgesamt 24 Damen des Etablissements Madame Chavelas in Viña del Mar auf ihre Gesundheit. Es ist nicht überliefert, ob die Brasilianer während der Weltmeisterschaft Kunden im Madame Chavelas waren. Der Leistung scheint es in jedem Fall nicht geschadet zu haben, wenn es denn so war, denn Brasilien wurde zum zweiten Mal Weltmeister.

1978
Angeln statt WM
Tomás Carlovich, genannt »El Trinche«, gehört zu den Legenden des argentinischen Fußballs. Dabei ging Carlovich nie aus seiner Heimatstadt Rosario weg und spielte nur zweitklassig. Doch der damalige Nationaltrainer Argentiniens, César Luis Menotti, wollte »El Trinche« für die WM 1978 nominieren. Der kreative Mittelfeldspieler, der später auch den Namen »der wahre Maradona« erhielt, wollte aber davon nichts wissen. Der Río Paraná, der durch seinen Wohnort floss, führte nach langer Zeit wieder viel Wasser und entsprechend viele Fische mit sich. Carlovich entschied sich für das Angeln, Argentinien wurde trotzdem Weltmeister.

1982
Als ein Scheich das Spielfeld stürmte
Nachdem ein Pfiff aus den Zuschauerrängen erklang, stellte Kuwait das Spiel gegen Frankreich im Glauben an eine Unterbrechung ein. Die Franzosen erzielten dennoch im zweiten Vor-

ay hatten sich auch Ungarn und Italien als Ausrichter beworben. Doch die finanzielle Kraft von Buero mit der Unterstützung Rimets und dem Verweis darauf, dass Uruguay im Jahre 1930 seine 100-jährige Unabhängigkeit feiern würde, ließen die Premieren-WM Uruguay zukommen. Ganz zum Ärger der Europäer, die daraufhin die erste WM geschlossen boykottieren wollten.

Rinderzüchter zahlte die Reisespesen
Noch wenige Monate vor dem ersten Anstoß schien das Tischtuch zwischen den europäischen Verbänden und den Südamerikanern zerschnitten, ehe Rinderzüchter Buero erneut bereit war, tief in die Tasche zu greifen. Uruguay versprach, für sämtliche Reisekosten sowie Verpflegung der Europäer aufzukommen, zusätzlich sollte jeder Spieler vier Peso Lohn pro Tag vor Ort und zwei weitere Peso pro Tag der dreiwöchigen Schiffsreisen erhalten. Neben Belgien, dessen Verbandspräsident Rodolphe William Seeldrayers mit Buero befreundet war, sagten so

Die USA (helle Trikots) erreichten das Halbfinale, hier mit Bert Patenaude: Sie siegten im Vorrundenspiel gegen Belgien 3:0.

| WM-Geschichte |

Juli 1930: Die französische Mannschaft an Deck des Dampfschiffs Conte Verde während der dreiwöchigen Überfahrt nach Uruguay

»Wir Europäer waren uns einig, jeder, der nicht dabei war, hat einen Fehler gemacht.«

Der jugoslawische Verbandssekretär Mihailo Andrejević noch Jahre nach der WM in Uruguay

auch Frankreich, Jugoslawien und Rumänien noch zu. Die Italiener wurden immerhin damit vertröstet, die WM 1934 austragen zu dürfen.

Afrika noch nicht dabei

Wenige Wochen später ging es dann auch endlich los. Insgesamt 13 Nationen nahmen an der WM in Uruguay teil. Neben den vier europäischen Verbänden und dem Gastgeber waren das Argentinien, Bolivien, Brasilien, Chile, Paraguay und Peru aus Südamerika sowie Mexiko und die USA aus Mittel- und Nordamerika. Vier Jahre später nahm Ägypten als erster Vertreter Afrikas an einer Weltmeisterschaft teil und 1938 stieß mit Niederländisch Indien der erste asiatische Verband hinzu. Deutschland war 1934 erstmals dabei. In Uruguay aber setzten sich Argentinien, Jugoslawien, Uruguay und die USA in der Gruppenphase durch und erreichten das Halbfinale, in dem sowohl die Argentinier die US-Amerikaner wie auch Uruguay Jugoslawien jeweils mit 6:1 besiegte. Wenige Tage später krönten sich dann die Uruguayer mit einem 4:2 über Argentinien zum ersten Weltmeister der Geschichte. ⚽

rundenspiel das 4:1 und Scheich Fahd Al-Ahmad Al-Dschabir As-Sabah stürmte das Spielfeld und drohte dem ukrainischen Schiedsrichter Myroslaw Stupar damit, dass Kuwait die Partie nicht fortsetzen würde, sollte er das Tor nicht zurücknehmen. Nach einigen Diskussionen gab Stupar nach und Kuwait spielte weiter. Frankreich gewann trotzdem 4:1 durch ein späteres Tor und Stupar wurde tags drauf von der FIFA suspendiert.

1994
Tödliche Weltmeisterschaft

Die WM 1994 in den USA stand unter keinem guten Stern. Schon in der Qualifikation war die Nationalmannschaft Sambias auf dem Weg zum Spiel im Senegal mit dem Flugzeug abgestürzt, insgesamt 30 Sportler, Trainer und Funktionäre verloren dabei ihr Leben. Während der WM wurde dem Kolumbianer Andrés Escobar ein Eigentor im Gruppenspiel gegen die USA zum Verhängnis. Kolumbien galt als Geheimfavorit, schied aber in der Vorrunde aus und Escobar wurde kurz darauf in seiner Heimat auf offener Straße erschossen, nachdem es mehrere Morddrohungen aus dem Drogen-Milieu gegen die gesamte Mannschaft gegeben hatte. Weltmeister Brasilien widmete seinen WM-Titel einem anderen kürzlich Verstorbenen. Brasiliens Motorsportlegende Ayrton Senna war wenige Wochen vor der WM tödlich verunglückt und kam so noch einmal zu besonderer Ehre.

2006
Die Schweiz scheidet ohne Gegentor aus

Für einen ganz besonderen WM-Rekord sorgte die Schweizer Nationalmannschaft bei der WM 2006. Die Gruppe gewannen die Eidgenossen durch zwei 2:0-Siege gegen Togo und Südkorea sowie einem 0:0 gegen Frankreich. Im Achtelfinale gegen die Ukraine stand es nach 120 Minuten erneut 0:0. Im Elfmeterschießen, das 3:0 für die Osteuropäer ausging, verlor die Schweiz dann. Die Schweiz ist bis heute der einzige WM-Teilnehmer, der ohne Gegentor in der regulären Spielzeit bei einer Weltmeisterschaft ausgeschieden ist. Zudem ist sie auch das einzige Team, das bei einem WM-Elfmeterschießen ohne eigenen Treffer blieb.

Der vierte Stern für Deutschland

»Mach ihn! Mach ihn! Er macht ihn! Mario Götzeee!« – mit diesen Worten begleitete Fernseh-Kommentator Tom Bartels 2014 das entscheidende Tor von Mario Götze im Finale der Weltmeisterschaft von Brasilien gegen Argentinien in der Verlängerung.

Erstmals hatte ein europäischer Fußballverband den WM-Titel auf südamerikanischem Boden gewonnen. 24 Jahre nach der Nacht von Rom hatte sich die deutsche Fußball-Nationalmannschaft zum vierten Mal zum Weltmeister gekrönt. Doch Bartels' Kommentar ist nicht der einzig legendäre, der mit einem deutschen WM-Triumph verbunden ist. »Aus dem Hintergrund müsste Rahn schießen, Rahn schießt – Tor, Tor, Tor, Tor«, bejubelte Herbert Zimmermann Helmut Rahns Treffer beim Wunder von Bern 1954.

Der Geist von Bahia

Rückblickend betrachtet war die Weltmeisterschaft 2014 wie gemacht für die deutsche Nationalmannschaft, die sich auf ihrem spielerischen und taktischen Höhepunkt befand. Bundestrainer Joachim Löw hatte die Kritik einer zuvor enttäuschenden Europameisterschaft angenommen, bei der Löw sich im Halbfinale gegen Italien »vercoacht« hatte. In Brasilien aber entstand schon im legendären WM-Quartier »Campo Bahia« ein Geist, der letztendlich zum Titel führen musste.

Schon das Auftaktspiel gegen Geheimfavorit Portugal hatte Deutschland fulminant mit 4:0 gewonnen. Bayern-Star Thomas Müller war an diesem Ergebnis mit drei Toren beteiligt und hatte dem Turnier schon nach wenigen Minuten seinen Stempel aufgedrückt. Deutschland hatte gegen die Portugiesen zum vierten Mal in Folge ein WM-Turnier mit mindestens vier eigenen Treffern eröffnet. Nach einem leichtfertigen 2:2 gegen Außenseiter Ghana schloss Deutschland nach einem 1:0 gegen die USA die Vorrundengruppe G als Sieger ab.

Glück und Können im Achtelfinale

Die Mannschaft war stets perfekt vorbereitet. Löw vertraute auch auf ein Team rund um Co-Trainer Hansi Flick und Spielbeobachter Urs Siegenthaler, das Trainer und Mannschaft optimal mit den Stärken und Schwächen der Gegner vertraut machte. Dennoch hatte Deutschland beim 2:1 nach Verlängerung im Achtelfinale gegen Algerien auch das notwendige Glück, das man auf dem Weg zu einem WM-Titel irgendwann auch einmal benötigt. Die Nordafrikaner waren stärker, es bedurfte einer Weltklasseleistung von Torwart Manuel Neuer und der späten Tore von André Schürrle und Mesut Özil in der Verlängerung, um das Viertelfinale zu erreichen.

In die Eistonne zur Regeneration

Hinterher führte Feldreporter Boris Büchler noch das berühmte »Eistonnen-Interview« mit Innenverteidiger Per Mertesacker, der sich über die kritischen Fragen zur Leistung echauffierte. »Was wollen Sie jetzt? Wollen Sie eine erfolgreiche WM? Oder sollen wir wieder ausscheiden und haben schön gespielt.

> »Das nächste Spiel ist immer das schwerste.«
>
> Sepp Herberger, deutscher Bundestrainer von 1936 bis 1964

1954 in Bern: Die deutsche Mannschaft wird nach dem Sensationssieg im Wankdorf-Stadion gefeiert. Auf den Schultern der Fans Kapitän Fritz Walter mit Jules-Rimet-Pokal und Horst Eckel (rechts).

| WM-Geschichte |

2014 in Rio de Janeiro: Mario Götze gelingt in der Verlängerung der 1:0-Siegtreffer gegen Argentinien. Thomas Müller (13) und Bastian Schweinsteiger (hinten rechts) reißen die Arme hoch.

»Die Kunst ist es, die richtigen Spiele zu gewinnen.«

Joachim Löw, deutscher Bundestrainer von 2006 bis 2021

Ich verstehe die ganze Fragerei nicht. Wir sind weitergekommen, wir sind super happy und bereiten uns jetzt auf Frankreich vor«, sagte Mertesacker, der zuvor schon bekannt gegeben hatte, die kommenden drei Tage zur Regeneration in einer Eistonne zu verschwinden. Auch dieses Interview wurde zu einem Meilenstein auf dem Weg zum Titel.

Starkes Team hinter dem Team

Die Franzosen hatte die deutsche Scouting-Abteilung zum schwersten Gegner des Turniers auserkoren. Mit seiner Analyse war das Team hinter dem Team von Bundestrainer Löw der Zeit etwas voraus, doch Frankreich war tatsächlich, wie die folgenden Jahre zeigen sollten, auf dem Weg zu einer fußballerischen Weltmacht. Im Viertel-

Deutschland

Weltmeister 1954
Ausrichter: Schweiz
Teilnehmer: 16
Torschützenkönig: Sándor Kocsis (Ungarn/11 Tore)
Bester Spieler: nicht gewählt
Bester Torhüter: nicht gewählt
Finale am 4. Juli 1954 in Bern: Deutschland – Ungarn 3:2 (2:2)

Weltmeister 1974
Ausrichter: Deutschland
Teilnehmer: 16
Torschützenkönig: Grzegorz Lato (Polen/7 Tore)
Bester Spieler: nicht gewählt
Bester Torhüter: nicht gewählt
Finale am 7. Juli 1974 in München: Deutschland – Niederlande 2:1 (2:1)

finale von Rio war es aber ein früher Kopfballtreffer von Innenverteidiger Mats Hummels, der als Tor des Tages ausreichte.

Der Untergang der Brasilianer

Es folgte das wahrscheinlich denkwürdigste Halbfinalspiel der WM-Geschichte. Gegen Gastgeber Brasilien war Deutschland trotz der bisherigen Leistungen nur Außenseiter. Der Heimvorteil, der südamerikanische Kontinent, auf denen ein europäisches Team noch nie etwas geholt hatte, viele Indizien sprachen für die Brasilianer. Doch Deutschland zeigte sich erbarmungslos und sorgte für ein Tränenmeer in Belo Horizonte. Bereits nach 29 Minuten hatten Thomas Müller, Miroslav Klose, der damit WM-Rekordtorschütze wurde, zweimal Toni Kroos und Sami Khedira Deutschland mit 5:0 in Führung gebracht. Es bestand keine Hoffnung mehr, dass Brasilien das Spiel noch würde drehen können. Zwei Tore von André Schürrle und ein Ehrentreffer von Oscar in der Schlussminute machten das geschichtsträchtige 7:1 perfekt.

Als großer Favorit ging Deutschland schlussendlich ins Finale gegen Argentinien um Superstar Lionel Messi. Es war die Wiederauflage der WM-Endspiele von 1986 und 1990. Damals hatten zunächst die Argentinier, dann die Deutschen die Oberhand behalten. Zudem war es das dritte Aufeinandertreffen beider Nationen in Folge bei WM-Turnieren. Und Deutschland hatte sich sowohl 2006 im eigenen Land wie auch 2010 in Südafrika durchgesetzt. Es dauerte allerdings bis zur 113. Minute, ehe Bartels das entscheidende Tor von Götze im Fernsehen bejubeln durfte. Ebenso unvergessen bleibt der im Gesicht blutende Bastian Schweinsteiger, der sich vollkommen entkräftet weiterhin in den Dienst der

> »Mit Samtpfötchen wird nichts erreicht.«
>
> Helmut Schön, deutscher Bundestrainer von 1964 bis 1978

1990 in Rom: Feierlaune bei Stürmer Rudi Völler (links), Torschütze Andreas Brehme (3) und Kapitän Lothar Matthäus nach dem 1:0 Sieg gegen Argentinien

Deutschland

Weltmeister 1990
Ausrichter: Italien
Teilnehmer: 24
Torschützenkönig: Salvatore Schillaci (Italien/6 Tore)
Bester Spieler: Salvatore Schillaci
Bester Torhüter: nicht gewählt
Finale am 8. Juli 1934 in Rom:
Deutschland – Argentinien 1:0 (0:0)

Weltmeister 2014
Ausrichter: Brasilien
Teilnehmer: 32
Torschützenkönig: James Rodríguez (Kolumbien/6 Tore)
Bester Spieler: Lionel Messi (Argentinien)
Bester Torhüter: Manuel Neuer (Deutschland)
Finale am 13. Juli 2014 in Rio:
Deutschland – Argentinien 1:0 n.V. (0:0, 0:0)

Mannschaft stellte. Die deutsche Mannschaft triumphierte in Rio und holte mit dem vierten WM-Titel den vierten Stern.

Heim-WM in Rom

Nicht weniger legendär in Erinnerung sind die Bilder von 1990. In der Nacht von Rom hatte Deutschland durch einen Fouleflmeter von Andreas Brehme ebenfalls mit 1:0 gegen Argentinien gewonnen. Es war das Turnier der drei deutschen Profis von Inter Mailand. Neben Brehme spielten auch Lothar Matthäus und Jürgen Klinsmann für den italienischen Verein und machten die Endrunde mit herausragenden Leistungen zu ihrer persönlichen Heim-WM – samt Skandal. Im Achtelfinale gegen Prestigegegner Niederlande hatte Hollands Frank Rijkaard in die wallende Mähne von Deutschland-Stürmer Rudi Völler gespuckt – beide waren mit Rot vom Platz geflogen, TV-Kommentator Heribert Fassbender wünschte den argentinischen Schiedsrichter »zurück in die Pampa«. Nach dem Endspielsieg war Teamchef Franz Beckenbauer gedankenverloren über den Rasen von Rom geschlendert – auch diese TV-Bilder gingen in die deutsche Fußballgeschichte ein.

Ein Wunder gegen das Wunderteam

16 Jahre zuvor hatte Franz Beckenbauer Deutschland als Kapitän zum zweiten WM-Titel geführt. Bayerns Paul Breitner per Elfmetertor und Gerd Müller in seiner unnachahmlichen Art hatten Deutschland im Münchener Olympiastadion zum 2:1 über die Niederlande geschossen. 20 Jahre nach dem legendären Wunder von Bern, als Deutschland nach dem zweiten Weltkrieg angeführt von Kaiserslauterns Fritz Walter den ersten Titel errungen hatte, hatte Deutschland seinen zweiten Titel eingefahren. Im Berner Wankdorfstadion gegen das seit vier Jahren und 31 Spielen ungeschlagene Ungarn hatten Walter, Rahn und »Teufelskerl« Toni Turek im Tor für das sogenannte Wunder gesorgt.

Historisch schlechtes Ergebnis

Wann immer Deutschland an einem WM-Turnier teilgenommen hat, hatte Deutschland die Vorrunde überstanden und zählte zum Favoritenkreis. Neben den vier Titelgewinnen standen die Adlerträger noch in vier weiteren Endspielen und fünf weiteren Halbfinals. Lediglich die WM 2018 in Russland liegt den deutschen Fans noch schwer im Magen. Als Letzter war Deutschland erstmals in einer Gruppenphase gescheitert – in Katar gibt es also noch etwas gutzumachen.

1974 in München: Gerd Müller (links) war der Schütze des Siegtors beim 2:1 der deutschen Mannschaft im WM-Endspiel gegen die Niederlande.

> »Es tut mir Leid für den Rest der Welt, doch wir werden jetzt, ... auf Jahre hinaus nicht mehr zu besiegen sein.«
>
> Franz Beckenbauer, deutscher Teamchef von 1984 bis 1990

| WM-Geschichte |

Zwei Titel für die Blauen

14 Jahre hatte Frankreich auf einen großen internationalen Titel warten müssen. Dann kam Zinédine Zidane und führte die Équipe Tricolore zum Weltmeistertitel 1998 im eigenen Land. Endlich durften die französischen Nationalspieler den FIFA-WM-Pokal in den Händen halten und bei der Siegerehrung in die Luft strecken.

Immerhin war der Vorgänger der damaligen und heutigen Trophäe, die bis 1970 verliehen wurde, nach dem französischen Fußball-Funktionär Jules Rimet benannt. Am 12. Juli 1998 war es dann aber soweit. Frankreich stand im WM-Finale gegen Titelverteidiger Brasilien. Es war auch das Aufeinandertreffen zweier Topstars. Zinédine Zidane auf Seiten der Gastgeber. Ein genialer Stratege hinter den Spitzen, torgefährlicher Führungsspieler. Und auf der Gegenseite Super-Stürmer Ronaldo, der schon vor dem Finale zum besten Spieler des Turniers gewählt worden war. Doch bei dieser Heim-WM ließ es sich Zidane nicht nehmen, in die großen Fußstapfen Michael Platinis zu treten, der Les Bleus als herausragender Akteur der Europameisterschaft 1984 – ebenfalls im eigenen Land – zum ersten internationalen Titel für Frankreich mit seiner langen Fußball-Historie geführt hatte. Unter Trainer Aimé Jacquet war Zidane nach jeweils einem Eckball zweimal mit dem Kopf zur Stelle und brachte seine Mannschaft mit einem 2:0 zur Pause auf die Siegerstraße. Frankreich dominierte das Finale und wurde selbst dann nicht nervös, als Verteidiger Marcel Desailly in der 68. Minute vom Platz gestellt wurde. Im Gegenteil: In der Nachspielzeit gelang Emmanuel Petit bei einem Konter sogar noch der Treffer zum 3:0-Endstand. Zidane wurde in der Folge Frankreichs, Europas und FIFA-Weltfußballer des Jahres, während Ronaldo noch vier Jahre auf seinen großen Finalauftritt warten musste. Die Grande Nation war dank Zidane an diesem Abend ganz groß.

Doch Frankreich gehörte nicht immer zu den großen Fußball-Nationen, war in seiner Historie doch häufig von genialen Einzelspielern abhängig, die dann aber auch das Glück hatten, starke Mitspieler zu haben. So hatten die Franzosen mehrere Durststrecken zu überstehen. Zwischen 1962 und 1976 gelang bei insgesamt vier Welt- und ebenso vielen Europameisterschaften nur einmal überhaupt die Qualifikation. Vor dem Triumph von 1998

> »Mein Vater hat uns gelehrt, dass ein Einwanderer doppelt so hart arbeiten muss wie jeder andere, dass er niemals aufgeben darf.«
>
> Zinédine Zidane,
> FIFA-Weltfußballer
> 1998, 2000, 2003

2018: Die Spieler der französischen Mannschaft feiern mit dem WM-Pokal ihren Erfolg im WM-Finale in Moskau.

| WM-Geschichte |

1998: Mit seiner Dynamik und Eleganz bezauberte er nicht nur die Franzosen: Spielmacher Zinédine Zidane im Halbfinale beim 2:1 gegen Kroatien.

»Sport bedeutet, über sich selbst hinauszuwachsen. Sport ist eine Schule des Lebens.«

Aimé Jacquet, französischer Weltmeister-Trainer 1998

Frankreich

Weltmeister 1998
Ausrichter: Frankreich
Teilnehmer: 32
Torschützenkönig: Davor Šuker (Kroatien/6 Tore)
Bester Spieler: Ronaldo (Brasilien)
Bester Torhüter: Fabien Barthez (Frankreich)
Finale am 12. Juli 1998 in Paris: Frankreich – Brasilien 3:0 (2:0)

Weltmeister 2018
Ausrichter: Russland
Teilnehmer: 32
Torschützenkönig: Harry Kane (England/6 Tore)
Bester Spieler: Luka Modrić (Kroatien)
Bester Torhüter: Thibaut Courtois (Belgien)
Finale am 15. Juli 2018 in Moskau: Frankreich – Kroatien 4:2 (2:1)

hatte Frankreich die vorherigen beiden Endrunden in den USA und Italien verpasst. Aber es gab eben auch andere Zeiten: So hatte Raymond Kopa, der als »Napoléon des Fußballs« galt, 1958 Torjäger Just Fontaine an seiner Seite, als Frankreich erstmals bei einer Weltmeisterschaft das Halbfinale erreichte. 1984 bildete Michel Platini zusammen mit Alain Giresse, Jean Tigana und Luis Fernández das »Magische Viereck« und 1998 wusste Zidane erfahrene Führungsfiguren wie Abwehrstar Laurent Blanc oder Kapitän Didier Deschamps um sich.

Erfolg durch Geschlossenheit

Anders verlief die erfolgreiche Weltmeisterschaft 2018. In Russland war es vor allem der Defensivverbund um Torhüter Hugo Lloris sowie die Innenverteidiger Samuel Umtiti und Raphaël Varane, der die Franzosen durch das Turnier und zum zweiten WM-Titel der Verbandsgeschichte führte. Die Offensivstars Antoine Griezmann und Olivier Giroud setzten nur vereinzelt Akzente, Kylian Mbappé, als bester Nachwuchsspieler des Turniers ausgezeichnet, war noch ein ungeschliffener Diamant. Erstmals in der französischen Fußball-Geschichte war also eine kompakte Mannschaftsleitung für einen großen Titelgewinn verantwortlich. Im Finale gewann die von Deschamps trainierte Équipe mit 4:2 gegen aufopferungsvoll kämpfende Kroaten.

Eine Geschlossenheit, die den Franzosen vor nur wenigen Jahren fehlte. Bei der Weltmeisterschaft 2010 in Südafrika stolperte der damalige Nationaltrainer Raymond Domenech über einen Streit mit Stürmer Nicolas Anelka, mit dem sich die Mannschaft solidarisierte und das Training vor den Augen der Weltöffentlichkeit bestreikte. Das »Fiasko von Knysna« zog Kreise bis zu Staatspräsident Nicolas Sarkozy, die gesamte französische Nation sah sich von ihrer Nationalmannschaft beschmutzt. Dem Vorrundenaus folgte das Aus für Trainer Domenech und für etliche Spieler, die als Hauptverantwortliche des Trainingsboykotts ausgemacht wurden.

Erst Deschamps gelang es ab 2012 als Trainer wieder für eine Einheit zu sorgen und Konstanz in die Leistungen zu bringen. Konstanz, die im Vizeeuropameistertitel 2016, dem WM-Titel 2018 und dem Gewinn der Nations League 2021 mündete. ⚽

| WM-Geschichte |

Der erste Weltmeister

1930 wurde Uruguay erster Fußball-Weltmeister. Die Stars der Mannschaft hießen Kapitän José Nasazzi und José Leandro Andrade. Was als Anfang einer großen Geschichte in die Bücher einkehrte, war in Wahrheit bereits der Höhepunkt der Nationalmannschaft Uruguays – auch wenn noch ein zweiter WM-Titel folgen sollte.

Bis wenige Jahre vor der ersten Austragung einer Fußball-Weltmeisterschaft hatten sich die europäischen Nationen als weltweit führend empfunden und wenig Kenntnis vom Fußball auf anderen Kontinenten. Bei Olympischen Spielen hatten wegen hoher Reisekosten überwiegend europäische Nationen an den Fußball-Wettbewerben teilgenommen und die Titel so unter sich ausgemacht. Erst 1924 finanzierte ein Zahnarzt aus Montevideo der Nationalmannschaft Uruguays die Teilnahme an den Sommerspielen von Paris.

Uruguay war den europäischen Mannschaften in Taktik und Technik dabei weitaus überlegen und gewann im Endspiel gegen die Schweiz olympisches Gold. Vier Jahre später, bei den Spielen 1928 in Amsterdam, wiederholte Uruguay seinen Finaltriumph – diesmal gegen Argentinien. Schon bei beiden Veranstaltungen gehörten Nasazzi und Andrade der Auswahl an und es war auch ein Tribut an die olympischen Erfolge des südamerikanischen Verbandes, dass die erste Weltmeisterschaft 1930 in Uruguay stattfinden sollte. Im Finale von Montevideo kam es dann bei der ersten Weltmeisterschaft zur Neuauflage des vorherigen olympischen Finales gegen Argentinien, das Uruguay mit 4:2 für sich entschied. Kurios dabei: Da sich beide Mannschaften nicht auf einen Spielball einigen konnten, wurde die erste Halbzeit mit dem Ball der argentinischen Mannschaft gespielt, in der zweiten Halbzeit stellte Uruguay das Spielgerät. Uruguays Trainer Alberto Suppici ist noch heute mit nur 31 Jahren der jüngste Weltmeister-Trainer der WM-Historie.

Nachdem Uruguay nicht an den Endrunden 1934 und 1938 teilnahm und aufgrund des Zweiten Weltkriegs zwei Ausgaben entfielen, sicherte sich Uruguay 1950 in Brasilien seinen zweiten und bis heute letzten WM-Titel.

> »La Maravilla negra«, »Das schwarze Wunder« wurde José Leandro Andrade seinerzeit genannt. (Foto unten: stehend, dritter von rechts) Er war der vielleicht allererste Weltstar, den der Fußball gesehen hatte. Olympiasieger 1924 und 1928, Weltmeister 1930.

Uruguay

Weltmeister 1930
Ausrichter: Uruguay
Teilnehmer: 13
Torschützenkönig: Guillermo Stábile (Argentinien/8 Tore)
Bester Spieler: nicht gewählt
Bester Torhüter: nicht gewählt
Finale am 30. Juli 1930 in Montevideo: Uruguay – Argentinien 4:2 (1:2)

Weltmeister 1950
Ausrichter: Brasilien
Teilnehmer: 13
Torschützenkönig: Ademir de Menezes (Brasilien/9 Tore)
Bester Spieler: nicht gewählt
Bester Torhüter: nicht gewählt
Weltmeister ermittelt durch Finalrunde: Uruguay – Spanien 2:2, Uruguay – Schweden 3:2, Brasilien – Uruguay 1:2

1930: Die Fußballnationalmannschaft von Uruguay im heimischen Centenario-Stadion in Montevideo vor dem WM-Finale gegen Argentinien.

| WM-Geschichte |

Das berühmteste WM-Tor

Geoff Hurst zog aus kurzer Distanz ab. Der Ball rauschte am deutschen Torhüter Hans Tilkowski vorbei und knallte an die Unterkante der Torlatte, von dort hinter die Torlinie und prallte dann empor zurück ins Feld.

England

Weltmeister 1966
Ausrichter: England
Teilnehmer: 16
Torschützenkönig: Eusebio (Portugal/9 Tore)
Bester Spieler: nicht gewählt
Bester Torhüter: nicht gewählt
Finale am 30. Juli 1966 in London: England – Deutschland 4:2 n.V. (2:2, 1:1)

1966: 93.000 Zuschauer im Stadion wurden Zeugen des berühmten »Wembley-Tors«.

Der deutsche Verteidiger Wolfgang Weber klärte mit dem Kopf ins Toraus, während Englands Stürmer Roger Hunt jubelnd abdrehte.

Der Treffer in der 101. Spielminute des WM-Finales zwischen England und Deutschland bedeutete das 3:2 für den Gastgeber. Die Engländer gewannen am Ende mit 4:2 und wurden Weltmeister. Doch war der Ball wirklich hinter der Linie? Der Linienrichter Tofik Bachramow, der für die Bewertung der Szene vom Seitenaus aus entscheidend war, beschrieb in seinen Memoiren, dass er den Ball eindeutig im Tor gesehen hatte, da das Netz gewackelt habe. Das gaben die Fernsehbilder jedoch nicht her. Lange zuvor hatte Bachramow zudem eingeräumt, aufgrund der Reaktion der Engländer auf einen erfolgreichen Torabschluss lediglich geschlossen zu haben. Zudem bestanden Verständigungsprobleme zwischen dem Schweizer Schiedsrichter Gottfried Dienst und dem Sowjet mit aserbaidschanischer Herkunft. Hunt sagte, dass er den Ball eindeutig im Tor erkannt hatte, sonst hätte er nachgesetzt an-

> »Russischer Linienrichter schenkte England den Weltpokal.«
>
> Süddeutsche Zeitung

statt zu jubeln. Eine Studie der Oxford-Universität kam in den Neunziger Jahren zu dem Ergebnis, dass wohl sechs Zentimeter gefehlt haben und der Ball somit nicht vollständig hinter der Linie war. Wie dem auch sei: Das Tor zählte und der Titel blieb im Mutterland des Fußballs, wo es vor den Partien ungewöhnlich leise zuging. Da das Vereinigte Königreich keinerlei diplomatische Beziehungen zu Teilnehmernation Nordkorea unterhielt, sollte die nordkoreanische Hymne nicht gespielt werden. Auf Geheiß der FIFA wurde dann gleich auf das Abspielen sämtlicher Nationalhymnen – mit Ausnahme des Endspiels – verzichtet.

Vom Punkt zumeist erfolglos

Das Glück des englischen Fußballs war mit dem »Wembley-Tor« aber offensichtlich aufgebraucht. Gleich sechsmal, bei den WM-Endrunden 1990, 1998 und 2006 sowie den Europameisterschaften 1996, 2004 und 2012 schieden die »Three Lions« in einem Elfmeterschießen aus.

| WM-Geschichte |

Der Rekordweltmeister

Niedergeschlagen saß Oliver Kahn auf dem Rasen, lehnte sich mit dem Rücken an den rechten Torpfosten. Der Torhüter der deutschen Nationalmannschaft hatte bei der Weltmeisterschaft 2002 in Südkorea und Japan die besten Spiele seiner Karriere gezeigt.

2002: Ronaldo (9) schießt das 2:0 für Brasilien. Gerald Asamoah und Torwart Oliver Kahn haben das Nachsehen.

Nur dank des Tormanns, der sich bei dieser Endrunde den Beinamen »Titan« erwarb, war eine spielerisch limitierte deutsche Auswahl bis ins Finale vorgedrungen, wo die DFB-Elf auf Brasilien treffen sollte. Mit Weltstars wie Ronaldo, Ronaldinho und Rivaldo war Brasilien klar in der Favoritenrolle. Doch im Endspiel zeigte die deutsche Mannschaft ihre beste Leistung der K.o.-Runde und hielt gegen behäbige Südamerikaner lange gut mit.

Dann aber kam die 67. Spielminute. Deutschland vertändelte den Ball im Aufbauspiel tief in der eigenen Hälfte, Rivaldo wagte aus etwa 23 Metern einen Torabschluss, der allerdings nicht sonderlich platziert auf das deutsche Tor und Oliver Kahn zuflog. Doch Kahn, der als bester Spieler und bester Torhüter des Turniers geehrt wurde, ließ den Ball nach vorne abprallen. Alles Strecken gegen den nachsetzenden Ronaldo reichte nicht aus, der brasilianische Goalgetter schob den Ball an Kahn vorbei in die Maschen. Zwölf Minuten später legte Ronaldo mit einem Flachschuss von der Strafraumgrenze ins rechte untere Eck nach, diesmal traf Kahn keine Schuld. Brasilien wurde an diesem Abend in Yokohama zum fünften Mal Weltmeister, Ronaldo sicherte sich damals Platz eins der ewigen WM-Torjägerliste und Oliver Kahn wirkte plötzlich nicht mehr wie ein Übermensch.

Brasilien

Weltmeister 1958
Ausrichter: Schweden
Teilnehmer: 16
Torschützenkönig: Just Fontaine (Frankreich/13 Tore)
Bester Spieler: nicht gewählt
Bester Torhüter: nicht gewählt
Finale am 29. Juni 1958 in Stockholm: Brasilien – Schweden 5:2 (2:1)

Weltmeister 1962
Ausrichter: Chile
Teilnehmer: 16
Torschützenkönig: Garrincha (Brasilien/4 Tore)
Bester Spieler: nicht gewählt
Bester Torhüter: nicht gewählt
Finale am 17. Juni 1962 in Santiago de Chile: Brasilien – Tschechoslowakei 3:1 (1:1)

Weltmeister 1970
Ausrichter: Mexiko
Teilnehmer: 24
Torschützenkönig: Gerd Müller (Deutschland/10 Tore)
Bester Spieler: nicht gewählt
Bester Torhüter: nicht gewählt
Finale am 21. Juni 1970 in Mexiko-Stadt: Brasilien – Italien 4:1 (1:1)

1958: Die brasilianischen Spieler mit Torhüter Gilmar (vorne) umarmen sich im Jubel. Obenauf der 17-jährige weinende Stürmer Pelé.

Zwanzig Jahre nach dem großen brasilianischen Tag wartet die Seleção noch immer auf einen weiteren WM-Titel, selbst ein Finaleinzug sprang für den Rekordweltmeister seitdem nicht mehr heraus. Eine ähnliche Durststrecke erlebten die Brasilianer bereits zwischen 1974 und 1990. Nach drei WM-Titeln zuvor reichte es in der Folge nur zweimal für ein Halbfinale, ehe in den USA 1994 der vierte Titelgewinn heraussprang.

Eine Legende war geboren

Doch angefangen hatte die Erfolgsgeschichte der brasilianischen Nationalmannschaft 1958 bei der Weltmeisterschaft in Schweden. Der damals erst 17

> »Ihr müsst mich aushalten!«
> Mário Zagallo, Weltmeister als Spieler 1958, 1962 und Trainer 1970

Jahre alte Pelé schlug auf der Weltbühne des Fußballs auf und verzückte die Öffentlichkeit mit seinem unnachahmlichen Können.

Im Viertelfinale gegen Wales hatte der Teenager ein Zuspiel in den Strafraum mit der Brust angenommen, sich samt Ball um die eigene Achse gedreht und mit dem Schuss zum 1:0-Endstand das Tor des Tages erzielt. Das Finale gegen Schweden machte der junge Brasilianer dann zu seinem ganz persönlichen Theaterstück. Eine Flanke in den Strafraum nahm er wie schon gegen Wales mit der Brust an, diesmal überlupfte er in der Folge einen schwedischen Verteidiger und nahm dann den sich senkenden Ball vom Elfmeterpunkt aus volley. Das

3:1 noch in der Anfangsphase der zweiten Halbzeit brachte Brasilien gegen den Gastgeber auf die Siegerstraße. Den Schlussakkord zum 5:2-Endstand setzte Pelé nach einer Flanke dann sogar mit dem Kopf. Pelé ist damit bis heute mit 17 Jahren, acht Monaten und sechs Tagen der jüngste Torschütze in einem WM-Finale. Eine Legende war geboren.

Torschützenkönig per Losentscheid

Vier Jahre später ruhten die Hoffnungen der Brasilianer erneut auf Pelé, doch diesmal avancierten Garrincha, Vavá und weitere Brasilianer zu den entscheidenden Akteuren. Pelé traf zwar beim brasilianischen 2:0-Auftaktsieg gegen Mexiko, doch im zweiten Gruppenspiel gegen die Tschechoslowakei zog sich der Weltstar einen Muskelfaserriss zu. Statt Pelé kam Amarildo im weiteren Turnierverlauf zum Einsatz und erzielte drei WM-Tore. Öfter trafen aber Vavá und Enfant Terrible Garrincha, die jeweils vier Tore erzielten. Amarildo, Zito und Vavá drehten letztendlich auch einen 0:1-Rückstand im Finale beim erneuten Aufeinandertreffen mit den Tschechoslowaken. Wie Vavá und Garrincha trafen auch der Ungar Flórián Albert, der Russe Walentin Iwanow sowie Dražan Jerković aus Jugoslawien und Chiles Leonel Sánchez viermal ins WM-Tor. Dank eines Losentscheids der FIFA wurde Garrincha zum offiziellen Torschützenkönig.

Wieder auf dem Höhepunkt

Nach einer enttäuschenden Weltmeisterschaft 1966, bei der Brasilien bereits nach der Vorrunde die Heimreise antreten musste, folgte in Mexiko vier Jahre später der dritte Titelgewinn. Im Finale von Mexiko-Stadt kam es gegen Italien zum ersten Mal in der WM-Geschichte zu einem Endspiel zweier ehemaliger Weltmeister. Die Brasilianer hatten das Finale souverän erreicht, drei Siegen in der Vorrun-

> »Bei uns gibt es 22 Sportarten und eine Religion: Fußball.«
>
> Carlos Alberto Parreira, Trainer der Weltmeistermannschaft 1994

1994: Der brasilianische Mannschaftskapitän Dunga hält jubelnd den WM-Pokal empor – umringt von Mauro Silva (links) und dem damals 16-jährigen Ronaldo. Brasilien besiegte im Rose Bowl Stadion von Los Angeles Italien mit 3:2.

| WM-Geschichte |

1958: Brasiliens erste WM-Gewinner. Stehend von links: Trainer Vicente Feola, Djalmar Santos, Zito, Kapitän Bellini (mit dem Jules-Rimet-Pokal), Nilton Santos, Orlando, Gilmar; hockend von links: Garrincha, Didi, Pelé, Vava, Mário Zagallo, Co-Trainer Anaral

Brasilien

Weltmeister 1994
Ausrichter: USA
Teilnehmer: 24
Torschützenkönig: Oleg Salenko (Russland), Hristo Stoichkov (Bulgarien/beide 6 Tore)
Bester Spieler: Romário (Brasilien)
Bester Torhüter: Michel Preud'homme (Belgien)
Finale am 17. Juli 1994 in Pasadena: Brasilien – Italien 3:2 i.E. (0:0, 0:0)

Weltmeister 2002
Ausrichter: Südkorea und Japan
Teilnehmer: 32
Torschützenkönig: Ronaldo (Brasilien/8 Tore)
Bester Spieler: Oliver Kahn (Deutschland)
Bester Torhüter: Oliver Kahn (Deutschland)
Finale am 30. Juni 2002 in Yokohama: Brasilien – Deutschland 2:0 (0:0)

de waren zwei überzeugende Auftritte in der K.o.-Phase gegen Peru und Uruguay gefolgt. Pelé war nach zwei Weltmeisterschaften, in denen er vom Verletzungspech verfolgt war, wieder auf einem spielerischen Höhepunkt, Torjäger Jairzinho zeigte sich mit sieben WM-Toren als kongenialer Partner.

Italien hatte sich durch das Turnier gemogelt, war in der Vorrunde gegen Uruguay und Israel jeweils nicht über ein 0:0 hinausgekommen und hatte durch ein 1:0 gegen Schweden mit nur einem erzielten Treffer die Gruppe gewonnen. Zum Endspiel hatten die Italiener zudem das »Jahrhundertspiel« im Halbfinale gegen Deutschland in den Knochen. Nach der regulären Spielzeit hatte es nach Toren von Roberto Boninsegna und Karl-Heinz Schnellinger 1:1 gestanden, ehe in der Verlängerung alle Defensiv-Dämme brachen. Italien gewann 4:3 nach Verlängerung, trug die Erschöpfung dieser historischen Begegnung aber ins Finale. Im Endspiel spielte dann

> »Die Weltmeisterschaft ist ein sehr kompliziertes Turnier ... wenn man ein Spiel verliert, ist man vielleicht schon raus, selbst wenn man der Beste ist.«
>
> Pelé

wieder Pelé groß auf, brachte Brasilien in Führung und legte zwei weitere Treffer als Vorlagengeber auf. Mit dem dritten Weltmeistertitel durfte ein Verband den WM-Pokal auch erstmals behalten.

Entscheidung im Elfmeterschießen

24 Jahre später trafen erneut Brasilien und Italien in einem WM-Finale aufeinander. Spielerisch konnten die Brasilianer nicht an den Glanz alter WM-Erfolge anknüpfen. Insbesondere das Finale bot wenige Höhepunkte und ging von Taktik geprägt torlos ins erste Final-Elfmeterschießen einer Weltmeisterschaft. Romário, Branco und Dunga trafen, Italiens Franco Baresi, Daniele Massaro und Roberto Baggio verschossen. Nachdem die WM 1998 in einem Endspiel-Fiasko gegen Frankreich mit der Vizeweltmeisterschaft beendet wurde, dauerte es noch vier weitere Jahre, ehe Oliver Kahn zwischen den Torpfosten Platz nahm. ⚽

| WM-Geschichte |

Mit Defensivkunst erfolgreich

Schon die Weltmeisterschaften 1934 und 1938 hatte Italien gewonnen. Doch es dauerte 44 Jahre, bis die Squadra Azzurra den WM-Pokal wieder in die Höhe reckte. Dabei waren die Italiener äußerst ernüchternd in die Weltmeisterschaft 1982 in Spanien gestartet.

1982: Endspiel der Fußball-WM zwischen Deutschland und Italien im Santiago-Bernabeu-Stadion in Madrid. Italien gewann vor 90.000 Zuschauern mit 3:1 seinen dritten Weltmeistertitel. Stehend von links: Dino Zoff, Francesco Graziani, Giuseppe Bergomi, Gaetano Scirea, Fulvio Collovati, Claudio Gentile; hockend von links: Bruno Conti, Paolo Rossi, Gabriele Oriali, Antonio Cabrini und Marco Tardelli

Mit drei Unentschieden gegen Kamerun, Peru und Polen erreichten die Italiener die damalige Zwischenrunde nur aufgrund eines mehr erzielten Tores gegenüber den Afrikanern. Doch dann wurde Paolo Rossi zur Legende des italienischen Fußballs.

Die italienische Nationalmannschaft hatte eine lange Durststrecke hinter sich. Nachdem Vittorio Pozzo Italien als Trainer in den dreißiger Jahren gleich zu zwei WM-Titeln geführt hatte, kam Italien erst bei der WM 1970 wieder über die Vorrunde hinaus. Nach einem zweiten Platz in Mexiko 1970 und einem Halbfinaleinzug 1978 in Argentinien, hoffte Italien in Spanien auf den dritten Titel. Trainer Enzo Bearzot hatte eine durchaus potent besetzte Mannschaft aufzubieten, in der sich international anerkannte Top-Spieler versammelten. Neben Torjäger Rossi waren es Männer wie Bruno Conti, Gaetano Scirea, Marco Tardelli und Alessandro Altobelli, auf denen die Hoffnungen der südeuropäischen Fans ruhten.

Mit Konterfußball gegen Spielkultur

Während der Spiele ging zudem der Stern des erst 18 Jahre alten Giuseppe Bergomi auf. Bergomi, der seine gesamte Spielerkarriere bis 1999 bei Inter Mailand verbringen sollte, avancierte in den Folgejahren zu einem der besten Abwehrspieler der Welt. Doch bei aller Klasse überwog nach der Vorrunde die Enttäuschung. Zudem hießen die Gegner in der Zwischenrunde Weltmeister Argentinien mit Wunderkind Diego Maradona und Turnier-Favorit Brasilien, das mit einer designierten Goldenen Generation um Spielmacher Zico, Kapitän Sócrates sowie den Offensiv-Stars Falcão und Eder bereits in der Vorrunde zehn Tore erzielt hatte.

Doch nun wuchs Italien über sich hinaus. Claudio Gentile nahm Maradona gegen Argentinien aus

»Ich möchte nicht, dass ein Spiel im Elfmeterschießen entschieden wird.«

Enzo Bearzot, Trainer der Weltmeister von 1982

| WM-Geschichte |

Italien

Weltmeister 1934
Ausrichter: Italien
Teilnehmer: 16
Torschützenkönig:
Oldřich Nejedlý
(Tschechoslowakei/5 Tore)
Bester Spieler: nicht gewählt
Bester Torhüter: nicht gewählt
Finale am 10. Juni 1934 in
Rom: Italien – Tschechoslowakei 2:1 n.V. (1:1, 0:0)

Weltmeister 1938
Ausrichter: Frankreich
Teilnehmer: 15
Torschützenkönig: Leônidas da Silva (Brasilien/7 Tore)
Bester Spieler: nicht gewählt
Bester Torhüter: nicht gewählt
Finale am 19. Juni 1938 in
Colombes: Italien – Ungarn 4:2 (3:1)

Weltmeister 1982
Ausrichter: Spanien
Teilnehmer: 24
Torschützenkönig:
Paolo Rossi
(Italien/6 Tore)
Bester Spieler:
Paolo Rossi
Bester Torhüter: nicht gewählt
Finale am 11. Juli 1982 in
Madrid: Italien – Deutschland 3:1 (0:0)

Weltmeister 2006
Ausrichter: Deutschland
Teilnehmer: 32
Torschützenkönig:
Miroslav Klose
(Deutschland/5 Tore)
Bester Spieler:
Zinédine Zidane (Frankreich)
Bester Torhüter:
Gianluigi Buffon (Italien)
Finale am 9. Juli 2006 in Berlin:
Italien – Frankreich 5:3 i.E. (1:1, 1:1, 1:1)

2006: Die italienischen Spieler feiern mit ihrem Trainer Marcello Lippi (unten links) den Weltmeistertitel in Deutschland. Sie besiegten am 9. Juli Frankreich nach Elfmeterschießen 5:3. Nach der Verlängerung stand es 1:1.

dem Spiel. Dem 2:1 über die Argentinier folgte dann ein Jahrhundertspiel. Beim 3:2 gegen Brasilien erzielte Rossi nicht nur alle drei Tore, mit ihrer destruktiven und auf Konter ausgelegten Spielweise zerstörten die Italiener auch die brasilianische Spielkultur, die damals als »Jogo Bonito« bekannt war.

Gegen Europäer erfolgreich

Die Ergebnisfußballer Italiens hatten das »schöne Spiel« der Brasilianer beendet und die Seleção samt Trainer Telê Santana nach Hause geschickt. Beim 2:0 im Halbfinale gegen Polen erzielte Rossi erneut alle Tore und im Finale gegen Deutschland legte der Stürmer beim 3:1 sein sechstes Turniertor nach und wurde Torschützenkönig. Italien war wieder ganz oben im Weltfußball angekommen und zog nach WM-Titeln mit Rekordhalter Brasilien gleich. Noch besser in Erinnerung ist hierzulande aber wohl Italiens vierter WM-Triumph. Ausgerechnet Italien beendete bei der Weltmeisterschaft 2006 im Halbfinale den WM-Traum von Gastgeber Deutschland und feierte so eine gelungene Revanche für die Endrunde 1990, als Deutschland in Italien seinen dritten WM-Titel gefeiert hatte. In der 119. Minute ließ Fabio Grosso Deutschlands Torhüter Jens Lehmann keine Chance, zwei Minuten später besiegelte Alessandro Del Piero das deutsche Aus vor heimischer Kulisse. Fünf Tage darauf feierten die Italiener den WM-Triumph in einem dramatischen Finale gegen Frankreich. Im Elfmeterschießen erzielte erneut Grosso den entscheidenden Treffer – unvergessen aber wohl der Kopfstoß von Frankreichs Star Zinédine Zidane, der sich nach einem Wortgefecht zu einer Tätlichkeit gegen Marco Materazzi hinreißen ließ. Materazzi hatte zuvor Zidanes Schwester beleidigt. Bemerkenswert: Italien feierte alle seine WM-Titel auf europäischem Boden und im Finale stets gegen einen europäischen Gegner.

| WM-Geschichte |

Die »Hand Gottes«

Diego Maradona erzielt mit der Hand gegen Englands Torwart Peter Shilton das 1:0 für Argentinien im Viertelfinale.

»Es war ein bisschen Maradonas Kopf und ein bisschen die Hand Gottes«, sagte Diego Maradona nach dem 2:1 im Viertelfinale gegen England.

Argentinien

Weltmeister 1978
Ausrichter: Argentinien
Teilnehmer: 16
Torschützenkönig: Mario Kempes (Argentinien/6 Tore)
Bester Spieler: nicht gewählt
Bester Torhüter: nicht gewählt
Finale am 25. Juni 1978 in Buenos Aires: Argentinien – Niederlande 3:1 n.V. (1:1, 1:0)

Weltmeister 1986
Ausrichter: Mexiko
Teilnehmer: 24
Torschützenkönig: Gary Lineker (England/6 Tore)
Bester Spieler: Diego Maradona (Argentinien)
Bester Torhüter: nicht gewählt
Finale am 29. Juni 1986 in Mexiko-Stadt: Argentinien – Deutschland 3:2 (1:0)

Der Superstar hatte am 22. Juni 1986 im Aztekenstadion von Mexiko-Stadt in der 51. Spielminute das 1:0 erzielt, dabei die Hand benutzt und die Südamerikaner so auf die Siegerstraße gebracht.

Erst 19 Jahre später sollte Maradona zugeben, dass es seine Hand war, die den Ball am englischen Schlussmann Peter Shilton vorbei ins Netz befördert hatte, dabei hatten ihn die TV-Bilder längst überführt. Vier Minuten später gelang Maradona das 2:0 nach einem Dribbling über 60 Meter. Dieser Treffer wurde zum »Tor des Jahrhunderts« der FIFA gewählt – und blieb weniger im Gedächtnis.

Eine Woche später führte Maradona die Albiceleste, so der Spitzname der argentinischen Nationalmannschaft, zum zweiten WM-Titel ihrer Verbandshistorie – ausgerechnet durch ein 3:2 gegen die deutsche Nationalmannschaft. Ein Finalduell, dass 1990 und 2014 Neuauflagen erfahren sollte, beide Male mit dem besseren Ende für Deutschland. Bei der Weltmeisterschaft im eigenen Land 1978 hatte Argentinien beim ersten Titelgewinn mit Stürmer Mario Kempes ebenfalls schon einen Superstar in seinen Reihen. Im Finale des Turniers, das zu Zeiten der Militärdiktatur in Argentinien ausgetragen wurde, besiegten die Gastgeber in Buenos Aires die Niederlande. Schon bei der ersten Weltmeisterschaft 1930 schafften es die Argentinier ins Finale, unterlagen in Montevideo aber Gastgeber Uruguay. Es war eine starke WM-Premiere einer Nation, die sich bei Fußball-Weltmeisterschaften als Dauergast etablierte. Letztmals verpasste die Auswahl 1970 eine WM-Endrunde und überstand danach bis auf das Turnier im Jahre 2002 in Japan und Südkorea immer die Vorrunde. ⚽

> »Geld bedeutet nicht Glück. Fußball ist mein Glück.«
>
> Diego Armando Maradona Franco, genannt Maradona

| WM-Geschichte |

Mit Tiki-Taka zum Titel

Ein strammer Rechtsschuss ins linke untere Eck. In der 116. Spielminute des WM-Endspiels von 2010 erlöste Andrés Iniesta ganz Spanien und sicherte seiner Mannschaft den ersten und bis heute einzigen Weltmeistertitel.

Spanien

Weltmeister 2010
Ausrichter: Südafrika
Teilnehmer: 32
Torschützenkönig: Thomas Müller (Deutschland/6 Tore)
Bester Spieler: Diego Forlàn (Uruguay)
Bester Torhüter: Iker Cassilas (Spanien)
Finale am 11. Juli 2010 in Johannesburg: Spanien – Niederlande 1:0 n.V. (0:0, 0:0)

Der damals 26 Jahre alte Stratege sorgte mit dem einzigen Treffer des Abends von Johannesburg für den 1:0-Erfolg der Iberer über die Niederlande. Der spanische Fußball hatte damit bei der bisher einzigen Weltmeisterschaft auf dem afrikanischen Kontinent seinen Höhepunkt erreicht. Mit einem Kurzpassspiel, das darauf aus war, den Ball möglichst in den eigenen Reihen zu halten und den Gegner erst gar nicht an das Spielgerät kommen zu lassen, hatte die spanische Nationalmannschaft den Fußball ihrer Zeit dominiert und den Begriff »Tiki-Taka« geprägt. Nach dem Europameistertitel zwei Jahre zuvor thronte Spanien nicht nur über die Niederlande, die

> »Wir wissen, dass wir stark sind. Ich glaube, unsere Spieler wollen Geschichte schreiben.«
>
> Vicente del Bosque, spanischer Trainer, vor dem WM-Finale 2010

Südeuropäer herrschten über den gesamten Weltfußball. Der Kader war damals von Nationaltrainer Vicente del Bosque überwiegend aus Spielern von Real Madrid und dem FC Barcelona zusammengestellt, hinzu kam eine lose Auswahl anderer Spieler aus Vereinen der spanischen Primera División oder der englischen Premier League. Das Herzstück bildete aber der FC Barcelona. Vom katalanischen Verein unter Top-Trainer Pep Guardiola hatten die Offensivspieler Xavi, Andrés Iniesta, Pedro und David Villa den Tiki-Taka in die Nationalmannschaft importiert. Im Finale standen neben dem Quartett noch der defensive Mittelfeldspieler Sergio Busquets sowie das Innenverteidiger-Duo aus Carles Puyol und Gerard Piqué in der Startformation und machten so das Septett aus »Barca«-Akteuren voll.

Seit 1978 hat Spanien sich durchgehend für jede WM-Endrunde qualifiziert und hatte mehrfach zum erweiterten Favoritenkreis gezählt. Doch bis zum Turnier in Südafrika waren die Spanier nie über das Viertelfinale hinausgekommen. Nach dem Titelgewinn folgte ein weiterer Triumph bei der Europameisterschaft 2012, doch bei der WM 2014 war der Tiki-Taka-Fußball entschlüsselt und die Spanier kamen über Gruppenspiele nicht hinaus.

Andrés Iniesta, der Schütze des 1:0-Siegtors, feiert den ersten WM-Titel für Spanien.

Impressum

Bibliografische Information der Deutschen Nationalbibliothek
Die Deutsche Nationalbibliothek verzeichnet diese Publikation in der Deutschen Nationalbibliografie.
Detaillierte bibliografische Daten sind im Internet über http://d-nb.de abrufbar.

Für Fragen und Anregungen
info@rivaverlag.de

Wichtiger Hinweis
Ausschließlich zum Zweck der besseren Lesbarkeit wurde auf eine genderspezifische Schreibweise sowie eine Mehrfachbezeichnung verzichtet. Alle personenbezogenen Bezeichnungen sind somit geschlechtsneutral zu verstehen.

Originalausgabe
1. Auflage 2022
© 2022 by riva Verlag, ein Imprint der Münchner Verlagsgruppe GmbH
Türkenstraße 89
80799 München
Tel.: 089 651285-0
Fax: 089 652096

Alle Rechte, insbesondere das Recht der Vervielfältigung und Verbreitung sowie der Übersetzung, vorbehalten. Kein Teil des Werkes darf in irgendeiner Form (durch Fotokopie, Mikrofilm oder ein anderes Verfahren) ohne schriftliche Genehmigung des Verlages reproduziert oder unter Verwendung elektronischer Systeme gespeichert, verarbeitet, vervielfältigt oder verbreitet werden.

Autor: Markus Schulz, Remscheid
Realisierung: TPD Medien GmbH, München, Klaus Winter, www.tpd.de
Umschlaggestaltung: Marc-Torben Fischer, München
Druck: Florjancic Tisk d.o.o., Slowenien
Printed in the EU

Bildnachweis:
Umschlagabbildungen: imago images/Panoramic International, shutterstock.com/A. Ricardo, 2014, imago images/Pressinphoto, imago images/Alex Nicodim, imago images/Sven Simon, imago images/PanoramiC; S. 4-5: tpd.de; S. 6-7: picture alliance/abaca | Lefranc David; S. 8-9: Sutterstock.com, A. Paes/Shutterstock.com, adidas.com, fifa.com; S.10-11: tpd.de; S. 12-13: picture alliance/dpa | Swen Pförtner; S. 14-15: picture alliance/GES/Marvin Ibo Güngör; S. 16-17: picture alliance/ASSOCIATED PRESS | Pavel Golovkin, picture alliance/Eibner-Pressefoto | Dennis Duddek; S. 18-19: picture alliance/Sven Simon | Anke Waelischmiller; S. 20-21: picture alliance/GES/Marvin Ibo Guengoer, picture alliance/empics | Nick Potts; S. 22-23: picture-alliance/Sven Simon | Frank Hoermann, picture alliance/dpa | Christian Charisius; S. 24-25: tpd.de; S. 26-27: ph.FAB/Shutterstock.com; picture alliance/augenklick/Intime/FIROSPORTPHOTO; S. 28-29: picture alliance/PIXSELL | Sanjin Strukic, picture alliance/Sven Simon | Frank Hoermann; S. 30-31: MDI/Shutterstock.com, Belish/Shutterstock.com; S. 32-33: picture alliance/ASSOCIATED PRESS | Armando Franca, picture alliance/NurPhoto | Pedro Fiuza; S. 34-35: picture alliance/PRO SHOTS | Marcel van Dorst, picture alliance/ANP | Koen van Weel; S- 36-37: Silvi Photo/Shutterstock.com, Marco Iacobucci Epp/shutterstock.com; S. 38-39: picture alliance/dpa | Federico Gambarini, Marco Iacobucci Epp/Shutterstock.com; S. 40-41: picture alliance/IPP | Italy Photo Press, Biser Todorov; S. 42-43: picture alliance/EPA | Zbigniew Meissner, google maps | tpd.de; S. 44-45: picture alliance/empics | BackpagePix; S. 46-47: picture alliance/empics | BackpagePix, picture alliance/AA | Adam Haneen; S. 48-49: picture alliance/empics | BackpagePix, picture alliance/dpa/MAXPPP | Yassine Mahjoub; S. 50-51: AGIF/Shutterstock.com; S. 52-53: picture alliance/ASSOCIATED PRESS | Silvia Izquierdo; S. 54-55: Delmiro Junior/Shutterstock.com, A. Paes/Shutterstock.com; S. 56-57: picture alliance/dpa | Fernando Bizerra Jr., Celso Pupo/Shutterstock.com; S. 53-59: picture alliance/ASSOCIATED PRESS | Martin Mejia, picture alliance/AP Photo/Matilde Campodonico, Pool; S. 60-61: picture alliance/ASSOCIATED PRESS | David Becker; S. 62-63: picture alliance/Newscom | Jacob Kupferman, picture alliance /AP Photo/Andy Clayton-King; S. 64-65: picture alliance/AA | Alex Pena, picture alliance/dpa | Christian Charisius; S. 66-67: picture alliance/AP Photo | Hassan Ammar; S. 68-69: A. Ricardo/Shutterstock.com, Celso Pupo/Shutterstock.com; S. 70-71: Alizada Studios/Shutterstock.com, picture alliance/ASSOCIATED PRESS | Keita Iijima; S. 72-73: picture alliance/augenklick/firo Sportphoto | firo Sportphoto/Sebastian El-Saqqa, picture-alliance/dpa | epa AFP Pascal George; S. 74-75: MDI/Shutterstock.com; S. 76-79: A. Ricardo/Shutterstock.com, S. 80-81: MDI/Shutterstock.com, Vitalii Vitleo/Shutterstock.com; S. 82-83: mohsen nabil/Shutterstock.com, picture alliance/PRO SHOTS | Stanley Gontha; S. 84-85: Asatur Yesayants/Shutterstock.com, AGIF/Shutterstock.com; S. 86-87: Marco Iacobucci Epp/Shutterstock.com; S. 88-89: picture alliance/augenklick/firo Sportphoto/Mexsport, ph.FAB/Shutterstock.com; S. 90-91: picture alliance/IPP | Italy Photo Press; S. 92-93: picture alliance/ASSOCIATED PRESS | Joan Monfort, ph.FAB / Shutterstock.com; S. 94-95: Alizada Studios/Shutterstock.com, MediaPictures.pl/Shutterstock.com; S. 96-97: Ahmed Adly/Shutterstock.com; S. 98-99: picture alliance/Laci Perenyi | Laci Perenyi, picture alliance/GES/Markus Gilliar; S. 100-101: EQRoy/Shutterstock.com, Play/Shutterstock.com; S. 102-103: OSTILL is Franck Camhi/Shutterstock.com, Noushad Thekkayil/Shutterstock.com; S. 104-105: Photo Play/Shutterstock.com, Fitria Ramli/Shutterstock.com, S. 106-107: picture alliance/baumann | Baumann; S. 108-109: picture alliance/ASSOCIATED PRESS; S. 110-11: picture-alliance/dpa/dpaweb | Empics, picture alliance/AFP | AFP; S. 112-113: dpa - Bildarchiv, picture alliance/Pressefoto ULMER/Markus Ulmer; S. 114-115: picture alliance/Pressefoto Rudel | Herbert Rudel, picture-alliance/dpa | Werner Baum; S. 116-117: picture alliance/ATP, picture alliance/dpa | Oliver Berg; S. 118-119: picture-alliance/dpa | Staff, picture alliance/dpa; S. 120-121: picture-alliance/Sven Simon, picture-alliance/dpa; S. 122-123: picture-alliance/dpa | Oliver Berg, picture-alliance/dpa | Barrats; S. 124-125: picture-alliance/dpa | Frank Leonhardt, ph.FAB/Shutterstock.com; S. 126-127: dpa/empics | Joe Pepler, picture alliance/dpa | Kerim Okten

ISBN Print 978-3-7423-2121-3

Weitere Informationen zum Verlag finden Sie unter
www.rivaverlag.de
Beachten Sie auch unsere weiteren Verlage unter www.m-vg.de